사르트르와 보부아르의
계약결혼

차례
Contents

계약결혼의 양면성

결혼제도가 다시 사회 문제로 떠오르고 있다. 프랑스 일간지인 『르 몽드』에 따르면 데리다J. Derrida가 한때 프랑스 민법에서 '결혼' 대신 '시민결합(union civile)'이라는 단어를 쓰자는 의견을 내놓은 적이 있다고 한다. 데리다의 이런 주장이 일부 일처제의 결혼제도를 완전히 부정하는 것은 아니다. 다만 여러 나라에서 문제로 떠오르는 동성애자들끼리 하는 결혼을 포함한 유연한 결혼제도를 만들자는 뜻으로 생각할 수 있다.

결혼은 한 인간의 삶에서 삼대지사三大之事에 포함할 만큼 중요한 일이다. 남녀결합은 과거나 지금이나 뜨거운 문제다. 그래서 결혼에는 중매결혼, 연애결혼, 동성동본결혼, 동성애결혼, 정략결혼, 사기결혼, 그리고 계약결혼 등과 같은 많은 종

류가 있는 모양이다. 특히 최근 성性개방 풍조와 더불어, 젊은 이들 사이에 계약결혼이 빠르게 늘고 있다. 이를 반영하기라도 하듯 계약결혼을 소재로 한 만화나 TV 드라마가 사람들의 큰 관심을 끌기도 한다.

계약결혼이라는 말을 들으면 20세기 프랑스의 대표 지성인 장 폴 사르트르Jean-Paul Sartre와 『제2의 성』를 쓴 시몬느 드 보부아르Simone de Beauvoir가 떠오른다. 그 까닭은 그들이 처음으로 계약결혼을 했기 때문이다.

많은 경우 계약결혼은 결혼을 하지 않은 남녀가 계약 조건에 따라 일정 기간 동안 같이 살거나, 가끔 만나서 부부처럼 지내는 것으로 여겨진다. 남녀 한 쌍이 결혼을 할 때 상대방에 대해 좀 더 알고자 하는 것은 아주 자연스러운 일이다. 계약결혼을 좋게 생각하는 사람들은 남녀가 이혼에 이를 수 있는 여러 문제들을 미리 겪어봄으로써 불행을 미리 막는다는 취지를 긍정적으로 받아들인다. 그러나 이런 취지를 악용할 틈은 많다. 특히 결혼 전에 계약결혼을 핑계로 무분별한 성생활을 일삼아 성도덕이 무너질 가능성은 대단히 크다. 이는 많은 사람들이 계약결혼을 반대하는 까닭이기도 하다. 특히 결혼 적령기의 자식을 둔 부모에게 이는 커다란 근심거리일 수밖에 없다.

야누스처럼 두 개의 면을 가진 계약결혼, 좀 더 자세히 말하자면 '사르트르와 보부아르의 계약결혼'이 이 책의 주제이다. 그들은 일정 기간 동안 계약을 맺고 법으로 맺은 부부와 같은 생활을 했다. 프랑스에서 제2차 세계대전이 끝난 뒤, 그들을 모델로 한 계약결혼이 자유의 분위기를 만끽하던 젊은이들 사이에 유행처럼 번져나갔다. 그래서 사르트르와 보부아르가 지인들과 만나던 카페 드 플로르가 있는 파리의 생 제르맹데 프레는 도덕을 내세우는 많은 사람들의 눈살을 찌푸리게 하기에 충분했다.

겉만 보면 사르트르와 보부아르의 계약결혼은 현대 청춘 남녀들이 하는 계약결혼과 별 차이가 없다. 그러나 사르트르와 보부아르의 계약결혼은 상식으로 이해할 수 있는 계약결혼, 즉 청춘 남녀가 결혼하기 전에 하는 단순한 실험 결혼과는 근본이 다르다. 그들은 계약결혼을 통해 자신들의 철학 사유를 바탕으로 인간관계를 다시 세우고자 했다. 다시 말해 자신들의 계약결혼이 의사소통의 이상理想으로 승화하길 바란 것이다.

그들은 어떤 이론을 바탕으로 삼았으며 어떤 과정을 통해 자신들의 계약결혼에 그런 의미를 붙였을까? 과연 그들은 의미를 실현하는데 성공했을까? 성공했다면 그 과정에서 어려움은 없었을까? 실패했다면 어떤 이유가 있었을까?

사르트르와 보부아르는 각자 자신의 문학작품에서 그들이 경험한 계약결혼을 중요한 소재로 다루었다. 사르트르의 『철들 무렵』의 중심인물인 마티외Mathieu와 마르셀Marcelle, 그리고 보부아르의 『초대받은 여자』의 중심인물인 피에르Pierre와 프랑스와즈Françoise가 그 예이다. 사르트르와 보부아르는 자신들의 작품에서 계약결혼을 어떻게 문학으로 드러냈는가? 그들이 경험한 것과 소설에서 다룬 계약결혼 사이에는 어떤 차이가 있을까? 그리고 과연 계약결혼은 지금 현재 우리들에게 어떤 의미를 지닐까? 혹시 주위에 계약결혼 생활을 하는 젊은이들이 있다면 그들을 어떤 눈으로 봐야 할까? 우리는 이 책에서 이러한 문제들을 살펴볼 것이다. 그렇게 함으로써 최근 젊은이들이 많은 관심을 보이는 계약결혼에 대한 이해의 폭을 넓히고자 한다.

만남에서 계약결혼까지

운명같은 만남

사르트르는 1905년에, 보부아르는 1908년에 태어났다. 둘 다 파리에서 태어났지만 그들은 1929년에 까다롭기로 소문난 철학교수 자격시험을 준비하는 과정에서 처음 만난다. 그때 사르트르는 24세였고, 보부아르는 21세였다.

그들이 운명처럼 만난 1929년에 사르트르는 프랑스에서 수재들 중의 수재들만이 들어갈 수 있다는 고등사범학교에 1924년에 입학해 1928년에 졸업한 뒤 철학교수 자격시험에서 떨어져 재수를 하고 있었다. 사르트르는 첫 번째 시험에서 너무 독창성 있는 답을 제시하려다 떨어졌다고 한다. 한편 보부아르는 데지르Désir 학원을 마치고 소르본느Sorbonne에서 강의를 듣고 있었다. 보부아르는 주로 소르본느 도서관과 국립도서관에서 공부를 했다. 그러면서 사르트르, 니장P. Nizan과 더불어 '3인방'을 형성한 마외R. Maheu를 국립도서관에서 알게 된다.

보부아르는 그들 3인방에 대한 소문은 익히 들어서 알고 있었으며, 소르본느나 고등사범학교에서 그들과 가끔 스치기도 했다. 보부아르는 인습과 규율을 철저하게 무시하고 자유분방한 생활을 하는 3인방의 행동에 매혹되어 그들 틈에 끼고 싶어 했지만 그럴만한 기회가 없었다. 그들은 셋이 항상 같이 붙어 다니며 마음에 드는 교수가 하는 강의만 들었다. 그들은 다른 학생들에 대해 일정한 거리를 두면서 학생들에게 짓궂은 장난을 해댔다. 그리고 자기들끼리만 통하는 암호로 이야기하는 등, 그야말로 패거리를 형성하고 있는 그들에게 보부아르가 접근하기는 쉽지 않았다.

사르트르는 나중에 그를 포함한 3인방이 다른 학생들에게 거칠게 행동한 것에 대해 그 나름대로 해명을 했다. 그에 따르면 그러한 행동은 그저 그들을 괴롭히려는 심술궂은 장난이 아니었다는 것이다. 단지 사교계의 모임에 참여하는 학생들의 행동과 옷차림이 그 어떤 가치도 없으며 그런 것을 추구해서는 안 된다는 것을 경고한 것이라고 했다. 다시 말해 3인방은 주말에 사교계를 드나들던 학생들을 학생답지 못하다고 여긴 것이다.

이처럼 다른 학생들에 대해 폐쇄적이었던 사르트르, 니장,

마외도 보부아르에 대해서는 소문을 들어서 대략 어떤 학생인지 알고는 있었다. 보부아르는 머리가 아주 좋고 아름다운 푸른 눈을 지녔지만, 옷차림은 형편없는 여학생이라는 풍문을 그들도 들었던 것이다. 그들은 가끔 보부아르를 쳐다보다가 눈길이 마주치기도 했다. 그러나 그들은 보부아르에게 먼저 접근하려고 하지는 않았다. 왜냐하면 그 당시 학교에서 우두머리인 자신들이 먼저 접근하면 체면이 깎인다고 여겼기 때문이다.

마외가 나중에 보부아르에게 들려준 '외젠느의 우주론'을 통해서 그 당시 그들 자신들을 포함한 다른 학생들을 어떻게 생각했는지 엿볼 수 있다. 그들은 콕토J. Cocteau의 작품인 『포토마크』에서 영감을 얻어 학생들을 크게 세 부류로 나누었다. 마외 자신을 포함한 사르트르와 니장은 소크라테스Socrates와 데카르트R. Descartes와 더불어 제일 높은 신분인 외젠느(les Eugènes)로 분류했다. 그들은 다른 학생들은 무한無限 속에서 헤엄치는 마란(les Marrhanes)들, 창공을 헤엄쳐서 다니는 모르티메르(les Mortimer)들로 묶어 자기들보다 낮은 신분으로 분류했다. 어떤 학생들은 이와 같은 차별 때문에 정말 화를 내기도 했다. 보부아르는 스스로 까다로운 운명을 지닌 위뫼즈 여자들(femmes humeuses)—『포토마크』에 나오는 인물로 인간을 삼켜버리는 여자 외젠느— 속에 자리를 정했다. 보부아르가 마외를 알게 되었을 때 그를 포함한 3인방은 자신들을 이른바 초인超人으로 여겼으며 자신들에 대해 굉장한 자부심을 지녔다.

보부아르는 소르본느 도서관이나 국립도서관에서 이와 같

은 사고방식에 젖은 3인방의 일원인 마외와 가끔 인사를 나누었다. 마외가 보부아르에게 먼저 말을 걸어 보부아르는 마외를 사귀기 쉬운 사람으로 생각했다. 그렇다고 해서 보부아르가 마외에게 가까이 다가서지는 않았다. 왜냐하면 보부아르는 연정을 품고 결혼까지 생각하던 자신의 먼 친척 오빠인 자크와의 관계를 어떤 식으로든 정리를 해야 했기 때문이다. 또한 이미 결혼을 한 마외 역시 보부아르게 가까이 다가갈 상황이 아니었다. 더군다나 사르트르나 니장과 함께 있을 때, 마외는 가끔 보부아르를 보고도 모른 척하는 경우도 많았다. 그러나 혼자 있을 때에는 보부아르에게 말을 걸어왔다. 국립도서관에서는 서로 옆자리에 앉기도 했고, 칸트I. Kant나 흄D. Hume에 대해 토론도 했으며, 점심을 같이 먹기도 했다. 그러다 저녁에 가볍게 차나 술을 한잔씩 하는 관계로 발전했다. 사르트르, 니장, 마외 이 3인방 가운데 마외만 혼자 듣는 강의가 있었는데 이 강의를 신청한 보부아르는 마외와 더 가깝게 지낸다. 보부아르를 평생 따라다닌 '카스토르Castor'라는 별명을 붙여준 이도 마외다. 그는 항상 공부에만 열중하는 보부아르에게 "항상 안달하면서 일만 하는 비버Beaver 같다"며 영어 단어 '비버'에 해당하는 불어 단어인 '카스토르'를 찾아냈다. 비버들은 떼로 다니며 앞날을 향해 도전하는 정신을 지녔다는 것이다.

마외와 만난 일은 보부아르에게 자신을 발견하는 좋은 기회였다. 그러나 지식에 관해 목말라 있던 보부아르는 마외를 통해 목마름을 한 번에 풀 수는 없었다. 마외는 보부아르보다

뛰어난 철학 소양이 없었다. 그러나 마외와 교류하며 구태의연한 낡은 관습의 틀을 벗어던지고 자신에게 만족하며 반성하는 삶을 살아가고 싶다는 자신의 소망을 다시 한 번 확인한다. 그래서 보부아르는 마외와 만난 뒤, 일기장에 이렇게 적는다. "마치 내게 정말로 무슨 일이 벌어진 것처럼, 나는 왜 이렇게 혼란스러워 하는 것일까?" 물론 보부아르의 인생에서 '정말로 무슨 일'이 벌어지기 위해서는 조금 더 기다려야 했다. 보부아르 스스로 자신의 인생에서 '가장 중요한 사건'으로 여긴 사르트르와 만날 때까지는 말이다.

마외는 보부아르와 만나면서 그 자신을 포함한 사르트르와 니장이 중심이 된 3인방에 대해 많은 말을 했으며, 보부아르 역시 그들에 대해 많은 관심을 가졌다. 그러나 니장은 이미 결혼을 했고, 고등사범학교 학생이었던 사르트르는 다른 여자와 약혼을 한 상태였다. 사르트르는 보부아르를 그저 먼발치에서 관찰만 했다. 그러다 1928년에 사르트르는 철학교수 자격시험에서 떨어지고 약혼녀와 헤어진다. 약혼녀의 집에서 시험에 떨어진 장래가 불투명한 남자와 딸을 결혼시킬 수 없다고 했기 때문이다. 1929년에 사르트르는 보부아르가 할아버지 장례식에 참석하기 위해 메이리냑크에 다녀온 뒤부터 보부아르에게 가까이 다가간다.

사르트르는 우선 마외를 통해 보부아르에게 조그만 선물을 준다. 그것은 사르트르가 그린 보부아르의 논문 주제인 라이프니츠Leibniz와 목욕하는 미녀들을 그린 데생이었다. 그 미녀들은 라이프니츠의 단자들(monades)을 상징하는 것이었다. 물론 보부아르는 그 전에도 소르본느의 복도를 지나가다가 사르트르와 스치면서 간단한 인사 정도는 나누었다. 그렇지만 그와 긴 대화를 할 기회는 없었다. 그도 그럴 것이 그는 학교 도서관이나 학교 식당에 거의 나타나지 않았기 때문이다. 사르트르는 한 해 전에 철학교수 자격시험에서 떨어져 파리 남쪽에 있는 학생기숙사에 머물고 있었다.

한 번은 사르트르가 마외를 통해 보부아르에게 정식으로 만나자는 제안을 했다. 그러나 보부아르는 이 제안을 수락하고도 약속 장소에 나가지 않았다. 마외가 그것을 썩 달가워하지 않았기 때문이다. 당시 결혼을 한 마외는 보부아르를 좋아하는데도 불구하고 단지 친구 사이로 우정만을 나누면서 지내는 것을 못내 안타까워했다. 그리고 자신이 파리에 없는 동안에 사르트르가 보부아르를 독차지할까봐 그들의 약속을 꺼림칙하게 생각했다. 그래서 마외는 보부아르에게 자기가 파리에 없는 동안 사르트르와 만나지 말 것을 부탁했고, 보부아르는 그렇게 하겠다고 약속한다. 보부아르는 급한 핑계를 대고 동생인 엘렌느를 사르트르와 만나기로 한 약속 장소로 보낸다. 이렇게 해서 그들의 운명 같은 만남은 조금 더 뒤로 미루어진다.

마외가 몇 주일 뒤에 파리로 돌아오고 사르트르는 보부아르와 정식으로 인사한다. 마외가 돌아오고 난 뒤 그들 패거리들은 철학교수 자격시험의 구두시험에 대비하기 위해 모여서 공부를 한다. 이때 보부아르는 대학 기숙사에 있는 사르트르의 방으로 와서 라이프니츠에 대해 발표를 해달라는 부탁을 받는다. 드디어 보부아르가 정식으로 초청을 받은 것이다. 그러나 며칠이 지나자 그들은 라이프니츠에 대해서는 이제 충분히 알았다는 결론을 내린다. 그래서 갑자기 보부아르가 사르트르의 방을 다시 방문할 이유가 없어진다. 그러나 보부아르에게 이제 다시 올 필요가 없다고 말한 사람은 아무도 없었다. 오히려 사르트르는 보부아르를 편안하게 해주려고 오펜바흐J. Offenbach의 곡에 익살스러운 가사를 붙여 노래를 부르기도 한다. 그리고 루소J. J. Rousseau의 『사회계약론』으로 주제를 바꾸어 토의한다. 이때 보부아르는 사르트르와 논쟁을 벌이면서 그의 주장에 반박하려 했지만 결코 사르트르를 이길 수 없었다. 사르트르는 그곳에 있던 사람들보다 항상 더 많이 알고 있었기 때문이다. 이때를 회상하며 보부아르는 일기장에 "사르트르는 지식의 훌륭한 반려자다"라고 적는다. 사르트르 역시 당시의 보부아르를 자신의 완벽한 대화 상대자로 생각했다.

철학교수 자격시험의 필기시험 결과가 발표되면서 마외는 보부아르의 곁을 떠나고, 보부아르는 사르트르와 더욱 가까워진다. 마외가 시험에서 떨어졌지만 사르트르와 보부아르는 붙었기 때문이다. 사르트르는 보부아르에게 필기시험에 보부아르가 붙었다는 소식을 전하면서 "이제부터는 내가 당신을 책임지겠소"라고 말한다. 그들은 그 뒤로 구두시험을 준비하기 위해 자주 만난다. 이때를 돌아보며 보부아르는 당시에 사르트르와 보내지 않는 시간은 낭비라고 생각했으며, 잠자는 시간을 빼고는 항상 그와 붙어 있었다고 회고한다.

사르트르와 보부아르는 1929년에 철학교수 자격시험에서 각각 수석과 차석으로 합격한다. 사르트르는 수석을 차지함으로써 한 해 전에 시험에서 떨어진 아픔을 말끔히 씻는다. 그도 그럴 것이 한 해 전에 그의 둘도 없는 친구인 아롱R. Aron이 수석으로 합격했기 때문이다. 그러니까 사르트르는 그 이듬해에 수석으로 합격함으로써 어느 정도 체면을 세운 셈이다. 반면에 보부아르는 고등사범학교 출신도 아닌 여자의 몸으로 차석, 그것도 최연소로 합격한다. 더군다나 그 시험의 출제위원들로 참여한 교수들 가운데 한두 명은 사르트르의 답보다 보부아르의 답이 더 훌륭했다는 후일담을 남기기도 했다.

이렇게 사르트르와 보부아르는 철학교수 자격시험을 계기로 운명처럼 만난다. 다만 보부아르가 사르트르에게 갖는 관심은 모두 지식에 관한 것이었다. 사실 사르트르는 겉만 보면 여자에게 호감을 주는 그런 형은 아니다. 사르트르는 키가 아주 작았으며 어렸을 때 한 쪽 시력을 잃은 사팔뜨기였고, 얼굴은 울퉁불퉁했으며 머리털은 듬성듬성해지고 있었다. 그는 또한 지독한 담배 골초여서 치아와 손가락은 벌써 담뱃진으로 누렇게 물들어 있을 정도였다. 그렇지만 그의 낭랑한 목소리와 깊고도 풍부한 지식은 보부아르를 사로잡기에 충분했다.

철학교수 자격시험의 합격자 발표가 난 뒤 보부아르는 니장과 마외를 제치고 사르트르의 옆자리를 차지하는 특권을 누린다. 그리고 그들은 날마다 붙어 지낸다. 시험이 끝난 뒤 보부아르는 가족과 함께 시간을 보내려고 메이리냐크와 라 그리예르로 간다. 그러나 사르트르와 떨어져 한 달 정도를 그곳에서 보내야 하는 일이 보부아르에게는 큰 고통이었다. 이러한 보부아르의 마음을 알아차렸는지 사르트르는 아무런 예고도 없이 메리이냐크에 와서 보부아르를 만난다. 그리고 이들은 메리이냐크 들판에서 처음으로 같이 성관계를 가진다.

그들에게 문제는 보부아르의 부모들이었다. 보부아르는 식구들에게 사르트르의 예기치 않은 출현을 납득시켜야만 했다. 보부아르는 현재 사르트르와 함께 마르크스를 공부한다고 둘러 댔다. 자신의 아버지가 공산주의를 몹시 싫어했기 때문에 혹시 사르트르와 만나는 것을 허락해줄지도 모른다는 계산에서였다. 그러나 아무런 소용이 없었다. 부모들은 보부아르의 말을 믿지 않았다. 만나지 말라는 자신들의 명령을 어기고 사르트르를 자꾸 만나자 보부아르의 부모들은 그들 사이에 끼어든다. 보부아르의 아버지는 사르트르에게 더는 자기 딸을 만나지 말라고 요구한다. 그러나 사르트르와 보부아르는 이런 충고를 고분고분 받아들일 정도의 관계를 이미 넘어서 있었다.

보부아르는 파리로 돌아오자마자 외할머니의 아파트로 거처를 옮긴다. 부모들의 감시에서

젊은 시절의 사르트르와 보부아르(1).

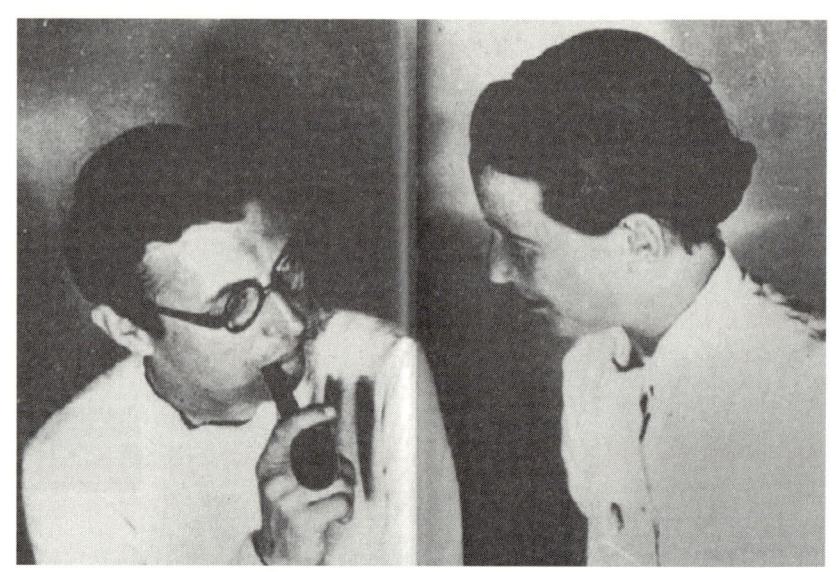
젊은 시절의 사르트르와 보부아르(2).

벗어나 자유로운 생활을 하려고 한 것이다. 거기에는 사르트르와 같이 보낼 수 있는 시간과 공간을 확보하려는 굳은 의지도 포함되었다. 보부아르의 방은 외할머니 방과는 꽤 떨어져 있었고, 외할머니는 가는귀를 먹은 상태였다. 따라서 사르트르가 보부아르의 방으로 몰래 와서 시간을 같이 보내기에는 안성맞춤이었다. 그들은 보부아르의 부모들에게서는 인정받지 못했지만 그들을 아는 사람들에게는 공공연하게 부부로 인정을 받는다. 이 모든 일은 놀랍게도 1929년 10월 한 달 사이에 일어났다.

계약결혼

사르트르와 보부아르는 곧 떨어져 지내야 할 상황에 놓인다. 사르트르가 군에 입대해야 했기 때문이다. 그는 철학교수 자격시험이 끝난 뒤에 보부아르에게 처음으로 결혼을 암시한다. 그러나 그 암시가 너무 애매해서 보부아르는 거기에 대해 아무런 대답도 하지 못한다. 사르트르가 정말로 결혼 얘기를 꺼냈는지, 보부아르가 잘못 들었는지조차 분명하지 않았다. 사르트르는 메이리냑크에서 보부아르의 부모들과 만난 뒤 보부아르에게 청혼을 해야 한다는 의무감에 사로잡힌다. 사르트르는 보부아르에게 결혼이 지닌 철학, 경제의 의미 등을 진지하게 얘기했다. 그렇지만 보부아르는 청혼을 거절한다. 그러자 보부아르와 같이 지내고 싶었던 사르트르는 입대하기 전에 보부아르에게 이런 제안을 한다. "우리 2년간 계약을 맺읍시다." 이 말 한 마디가 그 후 50년이 넘도록 그들의 관계를 규정한다. 계약결혼을 시작한 것이다.

어느 날 오후 우리는 니장 부부와 샹젤리제로 「아시아의 폭풍」이라는 영화를 보러갔다. 우리는 그들과 헤어지고 카르제르 공원까지 걸어가서 루브르 박물관 한 쪽에 있는 돌 벤치에 앉았다. 어디에서 온 것인지 모를 고양이 한 마리가 울고 있었다. 어둠이 밀려왔을 때 손에 장갑을 쥔 한 여자가 다가와서 고양이를 다정히 쓰다듬으며 자루에서 먹이를 꺼내 고양이에게 주었다. 그때 사르트르가 '우리 2년간 계약을 맺읍시다'라고 제안했다.

사르트르와 보부아르가 맺은 계약결혼은 당시 사람들에게 큰 충격이었다. 특히 보부아르는 귀족 집안의 출신으로 세 살 때부터 친구들과 명함을 주고받는 분위기에서 자랐다. 그리고 그마저도 어머니가 허락한 친구들만 사귈 수 있었다. 게다가 당시의 시각으로 볼 때 딸에게 교육을 시키는 것은, 그저 그 딸이 결혼해서 현모양처가 되게끔 하기 위해서였다. 보부아르의 어머니는 두 딸의 교육에 대해서는 아주 엄격했고, 두 딸이 읽는 모든 책을 읽으며 거기에 담긴 내용을 검토하고 감시했다. 나중에 보부아르가 커서 중등교육을 받을 때 어머니는 딸이 배우는 영어와 라틴어를 배울 정도였다고 한다. 그러나 나중에는 집안이 기울어 보부아르의 아버지는 두 딸에게 "아마 너희들은 시집을 못 갈지도 모른다. 지참금이 한 푼도 없으니 말이다. 그러니 평생 혼자 살아갈 수 있도록 열심히 공부하고 직업훈련도 받아야 한다"고 말하기도 했다. 그리고 보부아르는 결국 혼자 사는 길을 택한다.

보부아르가 사르트르와 맺은 계약결혼은 당시 사람들의 눈으로 볼 때 폭풍과도 같은 파격이었다. 더군다나 사르트르와 보부아르가 맺은 계약결혼의 파격성은 계약 내용을 보면 더욱 두드러진다. 계약 내용을 자세히 알 수는 없지만 알려진 것만을 나열해보면 이렇다.

첫째, 그들은 서로 사랑하고 관계를 지키는 동시에 다른 사람과 사랑에 빠지는 것을 서로 허락한다는 데 동의한다. 그러니까 각자 다른 사람과 우연히 만나 사랑을 할 권리를 인정한 것이다. 아마도 그들은 당시에 이 조건으로 자신들이 남녀관계 속에서 어떤 종류의 홍역을 치를 것인가를 전혀 예측하지 못한 것 같다. 그들은 이 조건 때문에 계약결혼 생활 가운데 수많은 위기를 겪으며, 뭇사람들에게서 신랄한 비판을 받게 된다.

둘째, 상대방에게 거짓말을 하지 않으며, 어떤 것도 숨기지 않는다는 조건이다. 사르트르는 이 조건을 가장 중요한 조건으로 삼았다. 그러나 이 조건을 지키는 것도 쉽지 않았다.

셋째, 경제적으로 서로 독립한다는 것이다. 그들의 작품이 독자들의 호평을 받아 생활에 지장이 없을 때도 있었다. 그러나 그들에게는 부양할 식구들이 많았다. 그 결과 경제상황이 악화되었을 때는 이 세 번째 조건 역시 제대로 지키지 못한다. 그러나 위의 세 조건 가운데 가장 문제가 덜 되는 조건이다.

이렇게 해서 그들은 1929년 11월부터 계약결혼에 접어든다. 그러나 사르트르는 군에 가야했고, 보부아르는 파리에 남아야 했다. 보부아르는 철학교수 자격시험에 합격했지만 아직 발령을 받기 전이어서 중학교 학생들에게 라틴어를 가르치거나 대학입학 자격시험을 준비하는 학생들의 과외수업을 하면서 생활을 꾸려 나갔다. 사르트르가 훈련을 마치고 투르에서 근무를 하게 되자 보부아르는 사르트르를 만나러 주말마다 투르로 가서 사랑을 나눈다. 1931년에 사르트르는 군복무를 마치고 일본에 가서 1년간 가르치는 일을 하려고 마음을 먹었다. 그러나 일이 여의치 않아 르 아브르라는 프랑스의 북부 도시로 간다. 그곳에 있는 한 고등학교로 발령을 받은 것이다. 반면에 보부아르는 프랑스 남쪽 끝에 있는 마르세이유에 있는 한 고등학교로 발령을 받아 첫 교편생활을 시작한다. 그들은 그야말로 프랑스의 북쪽 끝과 남쪽 끝에 배정을 받았다. 그들 사이에는 800km 이상의 거리가 놓여 있었다.

사랑의 열병에 빠지자마자 이처럼 멀리 떨어져야 한다는 생각에 보부아르는 매우 의기소침해 했다. 마르세이유로 가기 전에 보부아르의 상태는 거의 히스테리 자체였다. 그런 보부아르에게 사르트르는 결혼을 제안한다. 사르트르와 멀리 떨어져 혼자 지내야 하는 사실에 두려움마저 느낀 보부아르에게 결혼은 해결책이었다. 그도 그럴 것이 교편생활을 그만두지 않는 이상 결혼만이 그들을 갈라놓는 거리를 줄이는 유일한 방책이었기 때문이다. 특히 당시에 결혼한 교사 부부는 반드시 같은 지역에 배정을 받는 것이 원칙이었다. 그러나 보부아르는 이번에도 결혼 제안을 거절한다. 이 거절의 이유 속에는 자식에 대한 문제가 포함되었다. 사르트르 역시 자기가 아버지가 되면 앞으로 낳게 될 자식을 억압하고 권위에 찬 아버지가 될 것을 염려해 결혼을 하지 않았다. 그러나 보부아르는 여자로서 자식을 키우는 일과 가사에 커다란 의미를 두지 않았다. 아기를 싫어하지는 않았지만 흥미를 느끼지도 못했으며, 아기에게 젖을 물리거나 기저귀를 갈아주는 여자들을 보면 혐오감을 느끼기까지 했다. 자식에게 모든 정성을 쏟고 자식의 노예가 될 생각은 눈꼽만큼도 없었다. 그리고 작가가 되기 위해서는 많은 시간과 노력을 자신에게 써야한다고 일찍부터 판단했다.

이제 어떻게 할 것인가? 결국 사르트르는 보부아르에게 그들의 계약을 적어도 30세가 될 때까지 연장하자는 제안을 한다. 보부아르가 생각하기에 30세까지 같이 지낸다는 것은 백년해로를 하는 것과 마찬가지였다. 왜냐하면 그 당시만 하더라도 여자 나이 30이면 늙었다는 것이 통념이었기 때문이다. 자신들의 계약결혼 기간을 늘리자는 사르트르의 제안을 받은 보부아르는 불안한 마음을 어느 정도 진정시킨다. 그러나 보부아르는 사르트르를 떠나 혼자 쓸쓸히 마르세이유로 향하던 1931년을 자기 인생에서 '가장 불행한 해'로 기억한다.

하지만 그 이후 1932년 10월에 보부아르는 루앙에 있는 잔 다르크 고등학교에 배정을 받는다. 따라서 그들이 만날 수 있는 기회는 훨씬 더 많아진다. 그러나 그런 만큼 예전에는 드러나지 않던 상대의 버릇들로 가끔 서로 부딪친다. 사르트르는 지나치게 옷차림에 신경을 썼다. 그 자신이 못생겼다는 사실 때문에 겪는 불편함을 보상받으려는 심리가 작용했다고 할 수 있다. 그러나 평소부터 소탈함과 수수함의 대명사인 보부아르는 사르트르의 그러한 강박관념을 이해하지 못했다. 사르트르는 보부아르의 옷이 더럽다거나 스타킹이 찢어졌다는 이유로 함께 외출하는 것을 거절하기도 했다.

사르트르는 사물이나 사건을 종합해서 그것을 언어로 표현하려는 이른바 관념론적 태도를 항상 견지했다. 물론 그는 오랫동안 견지해온 관념론적 태도를 뒤늦게 『말』에서 스스로 비판한다. 그러나 보부아르는 사르트르의 이런 태도에 불만이었다. 보부아르는 현실은 언어로 설명할 수 없을 정도로 복잡하고 애매하기 때문에 항상 그 현실에 깊이 파고들지 않으면 안 된다는 생각을 했다. 그러나 그들이 이런 차이를 극복하는 데는 그렇게 힘이 들지 않았다. 왜냐하면 함께 생각하든 따로 생각하든 그들은 결국 같은 결론에 도달했기 때문이다. 이처럼 그들이 맺은 계약은 '정열'보다는 오히려 '진실'에 바탕을 둔 계약이었다.

그러나 사르트르와 보부아르의 계약결혼이 순풍에 돛 단 듯 아무런 문제없이 진행된 것은 아니다. 그들은 살아가면서 수많은 위기를 넘긴다. 몇몇 위기를 간략하게 살펴보도록 하자.

첫 번째 심각한 위기는 올가 코사키에비치Olga Kosakievich 때문에 일어난다. 보부아르는 이 위기 이전에도 사르트르가 사귄 모렐 부인, 시몬느 졸리베, 베를린 프랑스 연구소 체류시절에 만난 '달의 여인'이란 별명을 지닌 프랑스 여자 등, 사르트르 주변의 여자들 때문에 괴로워 한 적이 한두 번이 아니었다. 특히 사르트르가 자신의 여성 편력을 보부아르에게 모두 말할 때는 더욱 그랬다. 그렇다고 보부아르가 다른 남자와 성관계를 갖지 않은 것은 아니다.

그렇지만 러시아 출신인 올가가 사르트르와 보부아르 사이에 끼어들면서 그들의 관계는 본질적으로 변한다. 보부아르는 올가가 발산하는 젊음을 좋아하고 부러워했으며, 심지어는 올가와 동성애관계를 유지할 정도로 가까워졌다. 베를린에서 돌아와 올가를 알게 된 사르트르 역시 올가가 지닌 젊음, 순수한 반항심, 때 묻지 않은 감수성에 완전히 사로잡혀 사랑에 빠진다. 사르트르는 이때를 돌아보며 1935년 3월부터 1937년 3월까지를 '광기와 올가에 대한 정열로 절망에 빠진 시기'로 규정한다. 서로를 버릴 수 없었던 사르트르와 보부아르는 올가를 자신들의 관계 속으로 끌어들여 삼각관계를 만든다. 사르트르와 보부아르의 관계가 이렇게 바뀌었다는 사실은 이미 그들 사이의 계약결혼이 심각한 위기에 빠진 것을 뜻한다. 사르트르는 파리에서 북동쪽으로 한 시간 정도 떨어진 라옹으로 전근하고, 보부아르는 파리에 있는 몰리에르 고등학교로 전근한다. 이렇게 사르트르와 보부아르의 물리적 거리는 더 가까워진다. 그러나 올가의 개입으로 계약결혼을 맺은 그들의 관계는 차츰 겉잡을 수 없는 소용돌이에 휩싸인다.

이러한 상황에서도 사르트르는 1938년에 『구토』를 발표해 일약 장래가 촉망되는 작가의 길로 들어선다. 반면에 보부아르의 『초대받은 여자』는 갈리마르 출판사에서 두 번에 걸쳐 거절을 당하고 1943년에서야 출간된다. 이처럼 자신들의 인생에서 희비가 엇갈리는 때에도 사르트르와 보부아르의 좇고 좇기는 듯한 여성 편력과 남성 편력은 잦아들지 않는다. 사르트르는 올가의 동생인 완다, 보부아르의 제자인 비앙카 비넨펠드, 러시아 출신 나타샤 소로키네 등과 관계를 맺었고, 보부아르는 사르트르의 제자였던 자크 로랑 보스트 등과 관계를 맺는다. 이와 같은 상황에서 그들의 계약결혼이 위기에 놓이는 것은 뻔한 일이었다. 그들은 자신들의 관계를 재정립할 필요성을 느낀다.

사르트르와 보부아르는 해마다 10월이면 1929년에 성사한 계약결혼을 조촐하게 기념하곤 했다. 1939년의 기념일, 모렐 부인의 별장에서 단둘이 어둠 속에 앉아 있을 때 사르트르가 보부아르에게 이렇게 말한다. "우리는 이제 계약이 필요 없소. 우리는 영원히 함께 있을 것이고 또 그래야만 할 거요. 우리가 서로 이해하는 만큼 우리를 이해하는 사람은 아무도 없으니까 말이오." 보부아르는 너무 뜻밖의 제안에 어리둥절했으나 곧 제안을 받아들인다. 보부아르는 마침내 소녀시절에 꿈꾸던 사랑과 결혼을 실현하게 된 것이다.

시몬느는 풍부한 지식을 가진 남자와 결혼해서 함께 책을 읽고 공부하며 시간을 보내는 것을 꿈꾸었다. 햇살이 가득 찬 방에 책상 두 개를 나란히 놓고 남편과 함께 앉아서 책을 읽고 쓰는 것이 보부아르가 꿈꾸는 이상이었다. 이 묘사는 보부아르의 미래를 무서울 만큼 정확하게 예견했다. 시몬느는 실제로 오랫동안 장 폴 사르트르와 함께 바로 이런 생활을 꾸려 나간 것이다.

그러나 그 뒤에도 사르트르와 보부아르의 관계는 여러 차례에 걸쳐 위기에 놓인다. 한 번은 사르트르가 1945년 미국을 방문했을 때 만나게 된 돌로레스 바네티Dolorès Vanetti가 이들의 생활을 위협한다. 보부아르는 이 여자에 대해 정말로 '두려움'을 느꼈다고 고백한다. 사르트르는 『현대』지誌와 자신의 자전 소설인 『말』을 헌정할 정도로 돌로레스에게 푹 빠졌다. 돌로레스 때문에 사르트르는 '보부아르에게 모든 것을 말한다'는 계약 조건을 처음으로 어기기도 한다.

또 한 번의 위기는 보부아르 때문에 일어난다. 보부아르 역시 미국을 방문했을 때 넬슨 앨그렌Nelson Algren이라는 미국 작가를 만나는데, 그녀는 앨그렌을 통해 진정한 육체의 쾌락에 눈뜨게 된다. 보부아르는 남녀의 사랑이 얼마만큼 뜨거울 수 있는지 알게 된다. 보부아르가 진심으로 자신의 '남편'이라고 부른 앨그렌과 맺은 관계에 대해서 사르트르는 별다른 반응을 보이지 않는다. 괴로움을 느낀 것은 오히려 보부아르였다. 한 때 보부아르는 미국으로 건너가서 앨그렌과 살기 위해서라면 평범한 주부 노릇도 받아들이겠다고 할 정도로 그에게 빠진다. 그런 만큼 다시 사르트르 곁으로 돌아오기까지 상당한 어려움을 겪은 것이다.

사르트르와 보부아르의 관계가 다시 한 번 위험에 처하게 된 것은 사르트르가 아를레트 엘카임을 양녀로 삼았을 때이다. 보부아르는 사르트르의 막대한 저작권에 대한 상속권이 아를레트에게 넘어가는 것을 보고 사르트르에게 배신감을 느낀다. 그도 그럴 것이 그들 둘레에는 먹여 살려야 할 가족이 많았기 때문이다. 그러나 보부아르 자신도 머지않아 이 세상을 떠나게 될 것이고 상속권을 보부아르에게 주어도 보부아르 역시 곧 그 상속권을 다른 사람에게 넘겨주어야 할 것이라는 사르트르의 설명을 듣고서 그를 이해한다. 그리고 보부아르 역시 얼마 지나지 않아 실비 드 봉을 자신의 양녀로 삼는다. 보부아르의 결정에 보부아르의 동생인 엘렌느 역시 서운함을 느낀다. 이때 보부아르가 엘렌느의 서운함을 달래주기 위해 사르트르가 아를레트를 자신의 양녀로 삼으면서 한 말을 해준다.

계약결혼 상태를 지속하던 사르트르와 보부아르의 관계를 위협한 마지막 위기는 사르트르가 죽기 얼마 전에 고용한 비서 베니 레비Benny Lévy 때문에 일어난다. 유대인인 그는 말년의 사르트르 곁에서 지내며, 건강이 악화되어 제대로 움직이

장례식장에서 사르트르를 떠나보내는 보부아르.

지도 못하고 거의 앞을 볼 수 없는 사르트르를 바로 옆에서 돌본다. 레비는 사르트르에게 사르트르 자신의 과거 사상에 대해 소위 자기비판을 시키는데 이러한 레비의 행동에 보부아르는 격분한다. 왜냐하면 보부아르는 특히 『존재와 무』로 대표되는 사르트르의 전기 사상에 대해 강한 애착을 가

졌기 때문이다. 따라서 사르트르가 레비의 요구대로 자기의 과거를 돌아보면서 비판한다는 것은, 곧 보부아르도 자신의 과거가 옳지 않았다는 것을 스스로 인정해야만 한다는 뜻이었다. 다시 말해 그들이 함께 반세기 정도에 걸쳐 쌓은 삶을 하루아침에 무너뜨려야 하는 것이다. 더군다나 레비는 사르트르의 양녀인 아를레트와 아주 가까이 지내기도 했으며, 아를레트와 공모해 보부아르를 경계하기도 했다.

그러나 사르트르와 보부아르는 이와 같은 모든 위기를 견뎌내 계약결혼으로 맺은 자신들의 관계에 끝까지 충실했다. 한 명이 죽기 전에는 절대 헤어지지 않는다는 약속을 끝까지 지킨 것이다.

계약결혼의 이상과 현실

공통된 시각

1929년도 철학교수 자격시험에 합격하고 빠르게 가까워진 사르트르와 보부아르는 온갖 주제로 수많은 대화를 한다. 이때 보부아르의 관심을 끈 것은 사르트르가 보부아르에게 보여준 태도였다. 여태까지 보부아르가 알던 다른 사람들은 늘 보부아르의 지나친 자기 관심, 자기 몰두에 조바심을 내곤 했다. 그들은 보부아르를 자기들의 체계 안으로 끌어들이려 애썼지만 보부아르가 쉽게 넘어가지 않자 짜증을 냈다. 그런 반면 사르트르는 항상 보부아르 편에서 보부아르를 이해하려고 했다. 이러한 태도에 보부아르는 편안함을 느꼈다.

또한 보부아르는 사르트르가 지닌 관례·계급·직업·가정·의무 등에 대한 거부, 이른바 일상의 삶, 특히 부르주아의 삶에 대한 거부에서 공통점을 발견한다. 물론 보부아르가 처음부터 결혼을 하지 않고 아이를 낳지 않겠다는 생각을 한 것은 아니다. 엄격한 가정교육을 받으며 엄격한 기독교 분위기에서 자라난 얌전한 소녀인 보부아르는 친척 오빠인 자크를 사랑했고 그와 결혼을 생각했었다. 그러나 보부아르는 사르트르를 포함한 3인방과 그들 주위 사람들을 만나면서 가정을 꾸리는 것을 거부하고, 모험과 여행을 즐기고, 그 어디에도 안주하지 않는 삶을 살고자 한다.

사르트르와 보부아르는 서로 알아가는 과정에서 자신들을 그 무엇보다도 끈끈하게 잇는 강한 공통분모를 확인한다. 그것은 다름 아닌 '말', 즉 '대화'와 '글쓰기'에 대한 열정이다. 보부아르는 1986년 어느 날 자신의 전기를 쓴 데어드르 베어Deirde Bair와 한 인터뷰에서 자신과 사르트르 사이의 열정이 그토록 오래 간 것은 아마 글쓰기에 대한 열정 때문이었을 것이라고 말한다. 이 '말' 가운데서도 '글쓰기', 곧 문학에 대한 열정은 그들을 50여 년 이상 이어준 가장 확실한 끈이었다. 사르트르는 "하얀 종이만 보면 반드시 거기에 무엇인가 써넣으려고 했다"고 자신을 소개할 정도로 문학은 그의 전부였고, 살아가는 까닭이자 구원의 수단이었다. 보부아르 역시 문학에 대해 남다른 열정을 지녔으며, 그 때문에 자신이 늘 '예외 존재'라고 느꼈다. 보부아르는 자신이 지닌 문학에 대한 열정과 사르트르가 지닌 열정의 유사성을 이렇게 말하고 있다.

> 사르트르가 자신하고 내 눈에도 확실한 그의 진정한 우월함은 문학 작품을 위해 열정을 쏟는 그의 태도였다. 예전에 나는 크리켓이나 공부를 열심히 하지 않는 아이들을 경멸했다. 그런데 나는 여기서 내 격렬한 열정을 보잘 것 없는 것으로 보는 사람을 만난 것이다. 사르트르와 견주면 내 열정은 부끄러울 뿐이다. 나는 늘 내가 예외 존재라고 믿었다. 나는 글을 쓰지 않고 사는 것은 의미가 없다고 생각해 왔다. 그런데 그는 오로지 글을 쓰기 위해서만 살았다.

앞에서 사르트르와 보부아르의 만남이 지식 교환의 성격이 강한 만남이라는 사실을 지적한 바 있다. 이미 철학교수 자격시험의 구두시험을 준비하는 과정에서 사르트르의 뛰어난 지식에 강한 매력을 느낀 보부아르는 둘이서 마음껏 대화를 나누게 되었을 때 사르트르에게서 더욱 매력을 느낀다. 물론 보부아르가 사르트르에게서만 그러한 매력을 느낀 것은 아니다. 고등학교 때부터 혹독한 지식 훈련을 받은 니장, 마외, 아롱과 만나면서 보부아르는 그들이 이미 확고한 교양과 지식을 지녔으며, 그들이 각각 미래에 쓸 책도 괜찮을 것이라고 짐작한다.

그러나 보부아르는 그들 가운데서도 특히 사르트르의 탁월함을 여러 차례 체험한다. 한 번은 뤽상부르크 공원에 있는 분수 앞에서 사르트르에게 윤리의 문제에 대한 자신의 생각을

몽파르나스에 있는 사르트르와 보부아르의 묘지.

펼쳐 보인다. 그러나 보부아르는 사르트르에게 강한 비판을 받는다. 보부아르는 세 시간에 걸쳐 완강하게 자신의 주장을 변호했으나 결국 자신의 패배를 인정한다. '태어나서 처음으로 그 누구보다 지식이 뒤진다고 느낀' 것이다. 이처럼 보부아르는 사르트르의 지식에 강하게 끌리며 자신과 그 사이에서 공통점을 발견한다. 이처럼 보부아르는 사르트르와 만나면서 '사르트르가 자신의 삶에서 영원히 떠나지 않으리라는 사실'을 확신한다. 실제로 보부아르는 영원히 그의 곁을 떠나지 않았다. 보부아르는 죽어서도 가족 묘지에 묻히기를 거절하고 몽파르나스 묘지에 사르트르와 나란히 묻혔다.

사르트르의 사랑관

이처럼 사르트르와 보부아르의 관계는 그들 사이에 형성된 지식의 공감대를 통해 계약결혼으로까지 발전한다. 그러나 서로 필요한 지식을 받아들이는 것만으로 50여 년의 세월 동안 계약결혼 상태를 유지할 수 있었던 것은 아니다. 그보다는 그들에게 세계를 바라보는 공통된 시각이 있었기 때문에 가능한 일이었다.

내 삶에서 성공을 거두었다고 할 수 있는 부분이 있다. 사르트르와 나눈 대화들이 그렇다. (……) 세계를 이해하기 위해 우리들은 같은 도구, 같은 체계, 같은 열쇠를 사용했다. 때때로 한 사람이 시작한 문장을 다른 사람이 끝맺기도 했다. 누군가 우리들에게 질문을 던지면 우리들은 똑같은 답을 할 때도 있었다. (……) 각자의 지식 작업 속에서 서로를 알아보는 것은 별로 놀라운 일이 아니었다. 나는 1952년 경에 사르트르가 적은 쪽지를 최근에 읽은 적이 있다. 물론 나는 그것을 모르고 있었다. 그러나 나는 그 쪽지에서 10여년 뒤에 내가 『회고록』에서 쓴 대목들을 거의 글자 그대로 다시 찾아볼 수 있었다.

그러나 보부아르는 세계를 보는 자신의 시각을 체계있게 정리하지 않았다. 물론 『애매성의 도덕을 위하여』와 사르트르가 1952년을 전후에서 메를로퐁티M. Merleau-Ponty와 헤어지려고 할 때 사르트르를 옹호하면서 쓴 「메를로퐁티와 의사擬似-사르트르주의」가 있기는 하다. 그러나 결국 보부아르는 사르트르의 『존재와 무』처럼 자신의 사유를 체계 있게 정리한 책을 쓰지 못하고 『존재와 무』로 대표하는 사르트르의 전기 사상을 자기 것으로 받아들인다. 따라서 주로 사르트르의 전기 사상에 입각해서 그가 보부아르와 맺은 계약결혼의 철학 의미를 살펴보기로 하자. 이를 위해서 계약결혼 조건들의 핵심인 '사랑에 관한 조건'과 '모든 것을 다 털어놓는다는 조건'을 주로 살펴보겠다.

먼저 사르트르가 '사랑(amour)'에 대해 어떤 의미를 부여하는지 살펴보자. 이를 위해서는 그의 전기 철학을 대표하는 『존재와 무』의 제3부인 '대타존재(L'Etre-pour-autrui)' 부분을 주목해야 한다. 그는 이 책에서 대자존재로서 인간인 내가 즉자존재의 사물과 맺는 관계를 설명한 뒤에 '나'와 '타자'의 관계를 다루면서 사랑을 이 관계들 가운데 하나로 다루었다. 사르트르에 따르면 인간은 이 세상에 아무런 까닭 없이 내던져진 존재이다. 즉, 우연의 존재, 무상의 존재, 잉여의 존재인 것이다. 이런 결론에 다다른 것은 학문의 가정으로 사르트르가 신神의 부재를 내세웠기 때문이다. 그렇기 때문에 사르트르의 사유 체계에서 인간은 항상 존재이유를 찾기 위해 평생을 고뇌한다. 인간이 태어나면서 떠안는 이와 같은 실존의 조건을 사르트르는 인간이 신이 되고자 하는 욕구로 요약한다.

또한 신은 대자(pour-soi)와 즉자(en-soi)의 결합(fusion), 곧 대자-즉자(pour-soi-en-soi)의 결합 방식으로 존재한다. 인간의 존재 방식은 대자이기 때문에 그는 자기가 지니지 못한 즉자를 찾아 신의 존재방식에 이르려고 평생 노력해야만 한다. 그러나 인간은 결국 그 단계에 도달할 수 없다. 왜냐하면 인간이 대자인 동시에 즉자로 존재하는 것은 모순이기 때문이다. 다시 말해 인간이 살아 있으면서 동시에 죽을 수는 없는 것이다. 이러한 뜻에서 사르트르는 인간을 '쓸데없는 정열(passion inutile)'로 규정했다. 따라서 인간은 대자-즉자의 결합을 실현할 수 없고 인간의 개인사는 그 누구의 것이든지 간에 '실패(échec)'의 역사일 수밖에 없다.

그런데도 인간은 자신의 존재이유를 찾기 위해 끊임없이 노력한다. 사르트르가 바라보는 인간이 처한 상황은 무거운 돌을 정상으로 끊임없이 밀어 올려야만 하는 시시포스Sisyphe의 상황과 같다. 이러한 상황에서 인간은 다음과 같은 세 가지의 형태로 행동한다. 첫 번째 형태는 자기 자신을 사물 같은 존재로 여기는 것이다. 예컨대 우리는 아주 힘들 때 '바보가 되었으면' 하고 생각할 수 있다. 아무 생각도 하고 싶지 않은 것이다. 하지만 이는 어려움을 정면으로 맞지 않으려는 도피 성향이 강하다. 사르트르는 이러한 형태를 진정하지 못한 태도로 일축하면서 강하게 비판한다.

두 번째 형태는 인간 스스로 존재이유를 가지고 있다고 생각하는 것이다. 『구토』의 배경이 된 부빌이라는 도시의 부르주아들이라든가, 「어느 지도자의 유년 시절」에 등장하는 뤼시앵 등은 태어나기 전에 이미 자신들이 존재할 권리가 이 세계에 마련되었다고 생각한다. 사르트르는 이러한 형태를 자기기만의 형태로 취급하면서 통렬하게 비판한다.

세 번째 형태는 자기 아닌 다른 사람에게로 관심을 돌리는 것이다. 그도 그럴 것이 사르트르에 의하면 타자는 나의 존재 이유를 담고 있는 자이기 때문이다. 사실 타자의 존재는 사르트르가 들고 있는 존재의 세 영역 가운데 하나다. 다른 두 영역은 대자의 방식으로 존재하는 인간과 즉자의 방식으로 존재하는 사물이다. 사르트르는 『존재와 무』에서 타자를 다루면서 이 문제를 타자의 존재와 타자와 내가 맺는 관계로 나누어 기술한다. 사르트르는 사랑을 이 두 문제 가운데서도 나와 타자가 맺는 관계에 포함해 다룬다.

사르트르의 사유 체계에서 인간은 항상 주체성(subjectivité)을 유지해야 한다. 그래야만 인간이 이 세계의 중심을 구성할 수 있기 때문이다. 또한 인간은 그 상태에 머무르면서 자기 자신을 포함한 이 세계에 존재하는 모든 것에 대해 의문을 던지고, 의미를 부여한다. 따라서 인간은 이 세계에 있는 존재들에 대해 막중한 책임을 지며 인간이 만물의 영장이라는 사실을 보여준다. 그러나 이것 또한 인간이 겪어야만 하는 고뇌의 이면裏面이다. 사르트르는 괴롭고 힘들다고 해서 주체성의 유지를 포기하는 것은 진정한 삶이 아니라고 규정한다. 또한 사르트르는 사람의 주체성을 자유, 초월의 개념과 거의 같은 의미로 사용한다.

사르트르는 사람들이 만나면 항상 '갈등(conflit)'과 '투쟁(lutte)'이 나타난다고 한다. 왜냐하면 사람은 각자 주체성을 지녀야 하는데, 다른 사람들도 주체성을 지녀야 하기 때문이다.

다른 사람을 만나면 그들은 서로 주체성을 객체성으로 바꾸려는 노력을 한다. 다시 말해 인간은 자신의 주체성을 지키기 위해 상대방을 먼저 객체화하려고 노력한다. 거기에서 사람들 사이에 갈등과 투쟁이 생기는 것이다.

사르트르는 갈등과 투쟁이 그들의 '시선(regard)'를 통해 생긴다고 보았다. 왜냐하면 내가 타자를 객체화하려고 할 때 내가 쓰는 무기가 바로 시선이기 때문이다. 나는 시선을 통해 타자의 몸을 바라봄으로써 그를 객체화한다. 더군다나 사르트르에 따르면 시선은 그것의 주체가 누구든지 그 끝에 와 닿는 모든 것을 객체화할 수 있는 '힘'이 있다고 한다. 따라서 이세계에 나와 타자가 우연히 만나면 시선을 통해 서로 객체화하려고 시선의 투쟁을 벌인다.

이처럼 서로 만나자마자 상대방을 자신의 시선으로 객체화하려고 한다는 점 때문에 사르트르는 타자를 나의 '지옥地獄'으로 규정한다. 그러나 타자는 나를 객체화하려고 하는 동시에 내 존재근거를 마련해주기도 한다. 왜냐하면 타자는 나를 바라봄으로써 나에게 나의 본성을 깨닫게 하기 때문이다. 즉, 타자가 나를 바라봄으로써 내가 누구인지, 내가 어떤 사람인지를 내가 알게 하는 것이다. 따라서 내가 누구인지 알기 위해서는 반드시 타자를 거쳐야만 한다. 사르트르는 타자를 '나 자신과 나 사이를 연결하는 꼭 필요한 중재자'로 규정한다. 이처럼 사르트르의 사유 체계에서 타자는 나에 대해 이중의 지위를 가지고 있다.

사르트르에 따르면 사랑은 타자와 내가 모두 주체성의 상태를 유지하면서 맺는 관계이다. 다시 말해 나와 타자가 사랑의 관계를 맺으려면 나와 타자 모두 자신의 주체성을 지켜야만 한다. 그리고 사랑을 통해 얻고자 하는 것은 바로 '나'라는 잉여존재의 정당성이다. 사르트르는 사랑의 이상이란 '그냥 여기에 있는 내'가 사랑을 매개로 타자에게 꼭 필요한 존재로 여겨지는 상태라고 했다. 그러니까 사랑의 주체인 나는 타자를 사랑함으로써 잉여존재에서 벗어나려고 하는 것이다.

사랑받기 이전에 우리는 우리 자신의 존재라고 하는, 이유 붙일 수 없는 혹에 대해서 불안해했다. 그러나 우리가 우리 자신을 남아도는 것으로 느끼고 있던 것과는 반대로, 우리는 이제 우리 자신의 존재가 매우 사소한 것에 있어서까지도 하나의 절대 자유에 의해서 다시 추구되며 욕구의 대상이 됨을 느낀다. 또한 그와 동시에 우리 자신의 존재는 타자의 이 절대 자유를 조건짓고, 우리 자신의 자유를 가지고 타자의 절대 자유를 원하고 있는 것이다. 사랑의 기쁨, 즉 우리가 존재하고 있다는 것이 정당화되고 있음을 느낀다고 하는 이와 같은 사랑의 기쁨이 있다면, 그곳에야말로 사랑의 기쁨의 근거가 있는 것이다.

그런데 사랑은 상호관계이다. 즉, 타자를 사랑하는 나는 타자에게 나를 사랑할 것을 요구한다. 이러한 요구에 타자가 응

할 때 나를 사랑하는 자로서 그 타자 역시 나에게는 필요한 존재이며, 그 결과 그의 잉여존재 역시 정당성을 지닌다. 물론 사랑 역시 각자 주체성을 지닌 채로 이루어진다. 그래서 '우리들-주체(nous-sujet)'가 탄생한다. 사랑의 관계에서는 '우리들'이라는 호칭이 아주 중요한 가치를 지닌다. 즉, 나와 타자는 사랑을 통해 '나'와 '너'의 구분을 없애고 '우리들'로 하나가 된다. 이것이 사랑의 목표이다.

계약결혼의 바탕에는 이와 같은 사르트르의 사랑관이 놓여 있다. 그들은 계약결혼을 통해 서로 주체성을 인정하면서 '우리들-주체'를 구성하려고 노력했다. 이것은 몇 가지 사실을 통해 확인할 수 있다. 우선 사르트르와 보부아르는 계약결혼을 유지하면서 서로를 '당신(vous)'이라고 부른다. 보통 젊은 연인은 사이가 가까워지면 가까워질수록 '너' 또는 '나' 등의 '해라체'를 쓴다. 물론 이러한 호칭은 친근감의 표현이자 그들 사이를 좁히는 수단이다. 그러나 사르트르와 보부아르는 일상생활에서도 항상 '당신'이라는 호칭을 썼다. 이것은 그들 각자가 상대방을 한 명의 온전한 인격체로 인정한다는 의미이다. 그들이 서로에게 보여준 이러한 태도는 가능한 한 서로를 객체화하지 않으려는 노력의 일환으로 보인다. 결국 '당신'이라는 호칭은 주체성을 지닌 두 사람이 '우리들'로 나아가는 출발점이라고 할 수 있다.

사르트르와 보부아르는 50여 년 동안 계약결혼을 유지하면서 많은 시간을 같이 보냈다. 그러나 사르트르가 르 아브르로 가고 보부아르는 마르세이유로 가서 근무를 했던 기간, 사르트르가 군복무를 했던 기간, 그가 베를린 프랑스연구소에서 머물렀던 기간, 제2차 세계대전으로 사르트르가 동원되어 독일군에게 포로로 잡혔다가 석방된 때까지의 기간, 그리고 그들이 각자 외국으로 여행해 떨어져 있던 기간에는 떨어져 지냈다. 사르트르가 세상을 떠나고 난 뒤 보부아르는 1983년에 서둘러서 그가 보부아르와 다른 여자들에게 보낸 편지를 출간한다. 그리고 보부아르가 사르트르에게 보낸 편지도 보부아르가 죽은 뒤 보부아르의 양녀인 실비 르봉이 출간한다. 이렇게 출간된 편지를 통해 그들이 서로에게 부여한 의미가 어떤 것이었는지를 유추해볼 수 있다.

사르트르와 보부아르는 편지에서도 상대방을 지칭할 때 여전히 '당신'이라는 호칭을 쓴다. 그리고 사르트르는 보부아르를 "나의 작은 절대" "나보다 더 확실한 당신", 혹은 "당신이 곧 나예요" "아니, 당신은 나보다 나아요" 등의 표현을 자주 쓴다. 보부아르 역시 사르트르에게 답장을 하면서 이와 비슷한 표현들을 쓴다. 물론 이를 그저 연인들이 은밀한 감정을 표현하는 형식과 의례로 이해할 수도 있다. 그러나 사르트르의 사랑관을 고려한다면 위의 호칭들을 좀 더 넓게 해석해도 무리는 없을 것이다. 그러니까 그들이 사용하는 위와 같은 표현들이 비록 사소해 보일지라도, 그들 각자가 지닌 사랑의 철학적 의미, 즉 서로를 주체성의 상태에 두고서 그들 사이의 관계를 유지하고자 한 노력의 표현이라고 말이다.

사르트르와 보부아르는 서로 이 세상 그 누구보다도 더 확실한 협력자와 비판자의 역할을 수행했다. 그들은 각자 사유 체계를 정립하거나 자신들의 작품을 써나가는 과정에서 항상 자신의 원고를 상대가 읽어줄 것을 부탁했다. 그러면서 그들은 서로 격렬하게 비판하기도 하고 격려하기도 했다. 앞에서 그들의 계약결혼이 육체의 정열보다는 정신의 정열에 더 비중을 두고 있다는 사실을 지적한 바 있다. 이에 걸맞게도 그들의 계약결혼이 지닌 가장 바람직한 측면은 바로 그들 각자의 창작 과정에서 보여준 서로 비판하며 협력한 자세가 아닌가 싶다. 실제로 사르트르는 보부아르에게 "모든 것을 빚지고 있다"고 말했다. 또한 보부아르를 "나보다 나를 더 잘 아는 사람" "나의 재판관" "나의 검열관" "인쇄를 허가하는 사람" 등으로 불렀다. 보부아르 역시 작품을 쓰는 과정에서 사르트르에게서 수많은 격려와 도움을 받았다. 가령 보부아르의 역작인 『제2의 성』 역시 사르트르의 끊임없는 관심과 격려 속에서 태어난 것이다. 이와 같은 사실은 지식 면에서 그들이 평생 어느 정도까지 긴밀한 관계를 유지했는지를 여실히 보여준다.

사르트르는 인간들이 맺는 관계에서 나와 타자 쌍방이 모두 주체성을 지니고 맺으려는 사랑은 끝내 실패로 끝난다고 털어놓는다. 그런데도 사르트르와 보부아르가 계약결혼을 통해 맺은 사랑은 인간관계의 이상을 정립하려는 그들의 노력의 소산이라고 해도 무방하다. 그들이 이와 같은 관계를 끝까지 밀고 나가서 성공했느냐 실패했느냐 하는 것은 다른 문제다.

중요한 것은 그들이 50여 년에 걸쳐 자신들의 목표를 실현하려고 끝까지 노력했다는 점이다. 아마 그들이 계약결혼에 대해 위와 같은 확고한 의미를 부여하지 않았다면 그들이 맞은 여러 차례의 위기를 극복하지 못했을 것이다.

사르트르의 언어관

사르트르와 보부아르의 계약결혼에서 중요한 계약 조건들 가운데 하나는 서로 거짓 없이 모든 것을 말해야 한다는 것이다. 이 조건을 더 잘 이해하기 위해 사르트르가 '언어'에 부여한 철학의 의미를 살펴보도록 하자. 그에 따르면 언어는 앞에서 정의한 '사랑'과 대단히 비슷하다. 언어는 사랑을 표현하는 중요한 수단이다. 나는 타자를 사랑하거나 타자의 사랑을 구하는 과정에서 언어를 통해 내 존재를 표현한다. 그리고 이때 언어는 '말'을 뜻하지만은 않는다. 사르트르는 타자에게 내 존재를 알리기 위해 내가 생산해내는 모든 기호를 언어에 포함시킨다. 그러니까 사르트르가 하이데거에게서 빌려온 "나는 내가 말하는 것으로 존재한다"라는 표현처럼 내가 누구인지, 내가 그에게 전하고 싶은 것이 무엇인지를 타자에게 보여주는 모든 행위를 언어로 규정한다.

이처럼 언어관계에 참여하는 당사자인 나는 항상 주체성을 지녀야 한다. 다시 말해 말하는 주체인 나는 자유와 초월의 상태에 있어야 하는 것이다. 왜냐하면 그러한 상태가 아니면 언어로 내가 어떤 사람인지 제대로 표현할 수 없기 때문이다. 타자 역시 주체성을 지녀야 한다. 만약 그렇지 않다면 타자 역시 나에게 자신이 누구인지 제대로 표현할 수 없다. 물론 나는 개나 고양이에게도 말을 걸 수는 있다. 그러나 이 경우 그것들이 나에게 보여주는 반응과 주체성, 자유, 초월의 상태인 타자가 보여주는 반응은 전혀 다르다.

이와 같은 사실로 미루어 볼 때 상대에게 모든 것을 다 말한다는 조건은 의사소통의 이상 확립과 무관하지 않다. 바꿔 말해 그들은 자신들의 관계에서 각자의 인격을 모두 보여주는 의사소통의 확립을 목표로 한 것이다. 그들이 추구하는 사랑 역시 관계의 이상을 지향한다. 이와 같은 사실을 토대로 우리는 이제 그들의 계약결혼이 지닌 총체적 의의를 말할 수 있다. 그들의 계약결혼은 그저 정신과 육체를 좀 더 알기 위한 단순한 실험 결혼이 아니다. 그들은 자신들의 계약결혼을 통해 그들만의 고유한 사유 체계를 기초로 인간관계의 이상을 세우려고 한 것이다. 우리는 이러한 사실을 사르트르의 다음과 같은 증언을 통해 확인할 수 있다.

시몬느 드 보부아르를 만났을 때 다른 사람과 맺을 수 있는 가장 훌륭한 인간관계를 맺었다는 느낌이 들었다. 가장 완전한 관계 말이다. (……) 우리들의 관계는 평등을 전제로 한다. 따라서 우리들의 관계에서 우리들 각자 동등했으며, 다른 것은 상상할 수 없었다. 나는 남자로서 나에게 딱

맞는 여자를 발견한 것이다.

실현 불가능한 이상

그렇다면 사르트르와 보부아르가 생각한 계약결혼은 과연 그들이 원하는 대로 진행되었을까? 자신들이 인간관계의 이상 으로 여기는 그런 관계를 끝까지 지켰을까? 그들은 여러 차례 에 걸쳐 심각한 위기를 맞았지만 죽을 때까지 자신들이 내건 계약 조건을 실천하려고 노력했다. 그러나 그들의 계약결혼에 기초한 사랑과 언어는 이론상 실패로 끝날 수밖에 없다. 사르 트르와 보부아르가 계약결혼을 통해 설정한 그들의 인간관계 의 이상 정립은 처음부터 실패할 수밖에 없다. 그렇다면 그들 은 처음부터 실패할 일을 한 셈인데, 과연 그럴까? 이 문제에 답을 하기 전에 사르트르의 사유 체계에서 사랑과 언어 세계 가 왜 실패로 끝날 수밖에 없는지를 살펴보도록 하자.

먼저 사랑은 그 안에 이미 실패의 싹을 포함하고 있다는 것 이 사르트르의 견해이다. 그에 따르면 사랑의 본질은 속임수 이다. 남녀간의 사랑에서는 서로 깊이 알게 되는 시간을 보내 고 서로 사랑하는 마음을 확인한다. 사르트르의 눈에 이와 같 은 사랑의 과정은 그 자체로 모순이다. 예를 들어 내가 어떤 이성을—A라고 하자— 사랑하게 되었다고 하자. 이때 내가 A 에게 원하는 것은 단순히 A의 육체를 갖는 것이 아니다. 그보 다는 먼저 A의 마음을 차지하려고 할 것이다. A의 마음을 차지하지 못하고 육체를 갖는다면 그것은 진정한 사랑과는 거리가 멀다. 나는 A를 사랑하지만 A가 내 사랑을 받아주지 않으면 나는 초조해한다. 내가 A의 마음을 원한다는 것은 결국 A의 마음은 내 지배권 밖에 있다는 것을 뜻한다. 그러니까 이것은 A는 내가 내 마음대로 가질 수 있는 하나의 물건과도 같은 객체가 아닌 주체라는 사실, 곧 자유와 초월이라는 사실을 뜻한다. 그렇기 때문에 사랑은 내 마음대로 되는 것이 아니다.

더군다나 사랑은 상호관계이다. 물론 짝사랑도 있지만 짝사랑만 계속한다면 나는 결코 사랑하는 사람의 마음을 차지할 수 없다. 따라서 사랑을 한다는 것은 사랑을 받는다는 것을 전제로 한다. 나는 사랑하는 A에게 내 사랑에 대한 대가로 나를 사랑해줄 것을 요구하며 또 이를 위해 온갖 노력을 한다. 그러나 A에 대한 사랑 속에서 자기기만에 빠져 있다는 것이 사르트르의 생각이다. 그 까닭은 무엇일까? 이 문제에 답하기 위해 두 가지 경우를 상정해보자.

먼저 내가 A를 사랑하는데도 A가 내 사랑에 대해 관심 없어하거나 미지근한 반응을 보여줄 뿐이라면, 이때 A는 내가 바라는 대로 주체성의 상태에 있는 것이다. 그러나 A가 나를 사랑하지 않기 때문에 나는 A의 마음, 곧 A의 주체성을 온전히 차지할 수 없다. 그러나 이 경우와는 달리 A가 나를 사랑해줄 때 내 사랑은 실패로 돌아가고 만다. 왜냐하면 내게 사랑을 고백하는 순간 A는 자신의 주체성을 포기하면서 객체성의 상태로 떨어지기 때문이다. 이처럼 나는 A를 사랑하면서도 내가 얻고자 하는 A의 주체성, 자유, 초월을 어떤 경우라도 영원히 차지할 수 없는 모순된 상황에 처한다.

또한 사랑은 제3자에 의해 끊임없이 상대화되기 때문에 실패할 수밖에 없다. 사랑에 참여하는 두 사람은 서로 자기기만을 통해 상대에 대해 절대 존재라고 여긴다. 사랑은 이들 당사자들에게는 절대 관계로 비칠 수 있으나, 제3자에게 노출된 사랑은 이미 그 제3자가 상대를 객체화하게 만든다. 사랑을 하면서 나와 타자는 진정한 의미에서 '우리들-주체'라고 생각한다. 그러나 제3자의 시선 밑에서 이 '우리들-주체'는 '우리들-객체'로 변모하며, 따라서 사랑은 끝내 실패한다.

이와 같은 시각으로 본다면 사르트르와 보부아르가 맺은 계약결혼 역시 실패다. 그들은 서로 필요한 존재로 여긴다는 자기기만 속에서 사랑했지만 항상 제3자의 눈에 객체화되는 운명을 피하지 못한다. 그러한 객체화가 가장 잘 드러난 경우는 그들이 올가를 끌어들여 삼각관계를 유지했을 때이다. 이때 올가의 눈에 비친 그들의 관계는 '우리들-주체'가 아니라 항상 '우리들-객체'였다. 사르트르와 보부아르의 계약결혼을 비판하는 자들의 눈으로 바라볼 때 둘의 관계는 항상 '우리들-객체'였다. 사르트르의 사유 체계 안에서 절대 불가능하다고 여기는 나와 타자의 주체성과 주체성의 결합, 자유와 자유의 결합에 대한 끊임없는 추구, 그것이 바로 사르트르와 보부아르의 계약결혼의 핵심이었다.

여기에 덧붙여 사르트르와 보부아르의 계약에 포함한 우연한 사랑에 대한 인정에 대해서 살펴보자. 방금 살펴본 사르트르의 사랑관은 그가 보부아르와 맺은 이 조건에도 그대로 적용된다. 그리고 이 계약 조건은 사르트르와 보부아르의 사유 체계의 핵심이라고 말할 수 있는 자유 개념과 밀접하게 연결되어 있다. 특히 사르트르에게 자유는 그의 전체 사유의 중요한 개념이기도 하다. "인간은 자유롭지 않을 자유가 없다" "인간은 자유롭도록 선고를 받았다" 또는 "인간의 자유는 바다의 파도처럼 영원히 반복된다"와 같은 표현은 자유가 사르트르의 사유 체계에서 어떤 의미를 지니는지 뚜렷이 보여준다.

사르트르에 따르면 자유는 자유로만 제한할 수 있다. 따라서 우연한 사랑에 대한 권리를 인정한 것은 결국 각자 다른 사람의 자유를 침범하지 않겠다는 서약과도 같은 의미를 지닌다. 다만 문제는 이 계약 조건을 육체의 쾌락을 위해 악용할 소지가 많다는 것이다. 실제로 그들의 계약결혼은 지나칠 정도로 많은 우연한 사랑으로, 그들의 필연의 사랑을 수차례에 걸쳐 위험에 빠뜨렸다. 물론 그들은 이와 같은 위험에도 끝까지 계약결혼 관계를 지켰다. 그것은 그들의 관계가 육체의 정열보다는 정신의 정열을 더 중시했기 때문이다.

사르트르는 사랑에 이어 언어 역시 실패로 끝난다고 생각한다. 왜냐하면 언어관계의 정립에 참여하는 나는 어떤 경우에도 언어를 통해 나를 온전히 표현할 수 없으며 내가 원하는 바를 타자에게 그대로 전달할 수 없기 때문이다. 왜 그럴까? 사르트르는 우선 인간이 쓰는 언어는 그가 생각할 때 항상 부족하다고 생각한다. 그래서 나는 내가 어떤 사람인지를 타자에게 제대로 전달할 수 없고 또 내가 말하고자 하는 것을 제대로 전달하는 것도 애초에 불가능하다는 것이다.

내가 타자에게 말한 바를 그가 어떻게 이해했는지 나는 전혀 알 수 없기 때문에 나와 타자 사이에 맺는 언어도 항상 실패로 막을 내릴 수밖에 없다. 타자의 시선에 그려진 내 모습은 마치 다른 사람이 숨기고 있는 카드의 안쪽과 같다. 이와 마찬가지로 내가 말한 것의 의미를 타자가 이해할 때, 나는 그 의미에 대해서 아무 권리도 없다. 그리고 타자가 내 말을 듣고 이해할 때, 그는 항상 주체성을 지녔기 때문에 내가 말한 것에 대해 그가 해석한 것을 전혀 알 수 없다.

물론 예외는 있다. 내가 타자에게 말하고자 하는 바를 모두 표현하기 위해 계속 노력하고, 타자 역시 내 말의 의미를 전부 포착하기 위해 노력하며, 그는 이 자신이 이해한 것을 나에게 그대로 전하려고 계속 노력하고, 나 또한 그의 말을 이해하기 위해 계속해서 노력하는 경우다. 이와 같은 경우에는 나와 타자가 서로 주체성, 자유, 초월의 상태를 인정하는 동시에 의사소통의 이상 정립에 성공할 수 있는 가능성을 엿볼 수 있다. 사르트르와 보부아르가 그들의 계약결혼 조건으로 내세운 '모든 것을 숨김없이 말한다'는 조건 역시 이와 같은 가능성과 무관하지 않다. 그렇다면 과연 그들은 실제로 자신들의 계약결혼에서 이러한 의사소통을 확실히 세우는 데 성공했을까?

보부아르는 사르트르와 한 계약결혼에서 의사소통의 이상

정립은 불가능했다고 고백한다. 보부아르에 따르면 사람은 다른 사람에게 아무것도 말하지 않기 위해서 많은 말을 할 수 있다고 한다. 즉, 핵심은 쏙 빼고 별로 중요하지 않은 말만 많이 할 수 있다는 것이다. 또한 사람들 사이에는 말하기 거북한 내용도 있다. 가령 사르트르는 자신이 다른 여자들과 맺은 관계에서 여자들이 어떻게 반응을 했는지 보부아르에게 말했지만, 정작 보부아르는 그런 말을 사르트르에게 하지 못했다. 따라서 보부아르에 따르면 모든 것을 터놓고 말한다는 계약조건은 남자에게만 유리한 '알리바이'였고, 이 조건은 결국 지키지 못했음을 실토한다.

사르트르와 보부아르가 모든 것을 다 털어놓고 말한다는 조건과 관련한 흥미로운 사실은 보부아르가 남녀 사이는 몸의 언어를 통해서도 완벽한 의사소통에 이를 수 있다고 생각한 점이다. 보부아르가 육체의 완전한 만족을 처음으로 느낀 것은 미국인 작가 앨그렌과의 관계에서였다. 보부아르는 사르트르와 맺은 관계와 앨그렌과 맺은 관계에 비슷한 가치를 부여한다. 짧은 기간 동안이긴 했지만 앨그렌과 맺은 관계에 더 비중을 두기도 했다. 보부아르는 한때 앨그렌과 시카고에서 같이 살 수만 있다면, 그녀가 평소 중요하게 여겼던 모든 가치들은 물론 사르트르와 한 계약결혼도 포기하고 그에게로 달려가 평범한 주부로 살기를 간절히 원할 정도였다.

이제부터 나는 사랑하는 남편과 아내처럼 당신과 함께

하겠어요. 꿈이 아니니까 꿈에서 깨는 일도 없을 거예요. 이
것은 방금 일어난 놀랄 만한 사실입니다. 나는 내게서 당신
을 느낍니다. 내가 가는 곳에 당신도 함께 가고, 당신의 시
선과 당신의 모든 것이 함께 한다는 것을 느낀답니다. 당신
을 사랑해요. 그 말밖에는 당신에게 하고 싶은 말이 없어요.

물론 보부아르는 나중에 사르트르와 맺은 관계를 더 소중
히 생각해 앨그렌과 헤어진다. 보부아르는 자신의 생활 터전
이 프랑스에 있고, 자기는 어쨌든 프랑스 여자라는 점을 상기
한다. 또한 앨그렌을 선택하고 사르트르를 포기하는 것을 스
스로 받아들일 수 없는 '배신'으로 생각한다.

당신을 위해 (……) 나는 대부분 포기할 수 있을 거예요.
그래도 나는 분명 당신 마음에 드는 보부아르는 못 될 거예
요. 만약 내가 사르트르를 포기한다면 나는 더러운 피조물,
배신자, 이기주의자가 될 것입니다. (……) 내 행복을 위해
모든 일을 한 사람인 사르트르에게 깊은 상처를 주고 보상
받지 못할 실수를 저지를 바엔 차라리 죽어버리겠어요.

그러나 보부아르는 죽어서도 앨그렌이 자신에게 준 반지를
끼고 사르트르 곁에 묻혔다. 이러한 사실에서 알 수 있는 것은
사르트르든 앨그렌이든 보부아르가 이상으로 삼은 목표는 그
들과 맺은 정신과 육체의 의사소통이었다는 것이다.

계약결혼을 형상화한 문학

보부아르의 『초대받은 여자』

피에르, 프랑스와즈, 크자비에르Xavière, 제르베르Gerbert. 이들은 1949년에 출간된 보부아르의 첫 번째 장편소설인 『초대받은 여자』에 나오는 중심인물들이다. 피에르는 극작가이자 연출가 겸 배우이다. 전직 교사인 프랑스와즈는 30세의 작가이며 피에르가 받는 희곡들을 읽고 교정하기도 한다. 크자비에르는 루앙 출신의 소녀로 순수와 감수성의 상징이며, 제르베르는 프랑스와즈로 하여금 모성애를 느끼게 하는, 피에르를 존경하는 배우지망생이다.

피에르와 프랑스와즈의 관계는 실생활에서 사르트르와 보

부아르를 모델로 하고 있다. 피에르와 프랑스와즈는 8년 전에 알게 된다. 물론 이들은 같이 살지는 않는다. 그러나 이들은 계약결혼한 상태다. 이들은 자신들을 '하나'로 느끼면서 자신들의 사랑을 필연으로 여긴다. 특히 프랑스와즈는 피에르와 함께 하는 일을 통해 자신이 그와 하나임을 느끼곤 한다.

피에르와 프랑스와즈는 아무 것도 숨기지 않고 모든 것을 다 말한다는 계약을 맺는다. 이와 같은 사실은 "그들은 서로 모든 것을 얘기했고, 아무 것도 감추지 않는다"와 같은 대목을 통해 확인할 수 있다. 피에르와 프랑스와즈는 필연의 사랑을 지켜가지만 우연한 사랑에 대한 권리를 서로 인정하는 조건도 내건다. 피에르는 프랑스와즈가 아닌 다른 여자들과 관계를 맺고 프랑스와즈는 제르베르와 육체관계를 맺는다.

프랑스와즈는 크자비에르를 약 6개월 전에 우연히 만난다. 실생활에서 크자비에르의 모델인 올가는 보부아르가 루앙에 있는 학교에서 가르치던 제자다. 보부아르는 다만 올가가 그런 것처럼 크자비에르 역시 루앙 출신으로 설정한다. 또한 올가가 그랬듯이 크자비에르 역시 30대 초입에 들어선 프랑스와즈의 눈에 젊음, 반항, 신선함의 상징이다. 프랑스와즈는 '까다로운 요구, 보기 힘든 미소, 예견할 수 없는 반응을 보이는 모험과 신비의 냄새'를 지닌 크자비에르를 자신의 '작은 동반자'로 삼고자 한다. 그래서 프랑스와즈는 크자비에르를 가까이 두려고 한다. 프랑스와즈는 루앙을 몹시 싫어하며, 그곳을 떠나고픈 강한 욕망을 지닌 크자비에르에게 파리에 와서 지낼

것을 제안한다.

그런데 사르트르와 보부아르의 사유 체계로 보면 프랑스와즈가 크자비에르를 자기 곁에 두고 싶어 하는 데는 큰 이유가 있다. 우선 루앙을 떠나 파리 생활을 시작했지만 아직은 미성년자인 크자비에르에 대해 프랑스와즈는 큰 책임감을 느낀다. 또한 프랑스와즈는 그런 크자비에르를 '소유'한다는 기분을 맛보고 싶어 한다. 그런 방법으로 프랑스와즈는 크자비에르에게 '필요한' 존재가 되고 싶어한다. 다시 말해 프랑스와즈는 크자비에르를 돌보며 자신의 존재를 정당화하고자 한다.

'귀중한 재산'으로 생각한 크자비에르가 파리에서 살기 시작한 지 얼마 되지 않아 프랑스와즈는 자신의 생활에 '새로운 일'이 일어나지 않는다고 느낀다. 그러나 사태는 피에르와 크자비에르가 만나면서 빠르게 변한다. 프랑스와즈는 피에르와 계약결혼 상태였기 때문에 피에르와 크자비에르는 자연스럽게 알게 된다. 피에르는 처음에 크자비에르에 대해 별 다른 관심을 갖지 않았다. 크자비에르 역시 피에르에 대해 애정을 느끼지 못한다. 피에르가 크자비에르에게 '친구'가 되자고 하나 크자비에르는 거절한다. 그러나 자주 만나면서 피에르 역시 크자비에르가 지닌 젊음, 괴팍함, 길들여지지 않은 야성의 매력에 흠뻑 빠진다. 프랑스와즈는 피에르에게 크자비에르와 연애를 해도 좋다고 허락한 적이 있지만 피에르와 자기 사이를 비집고 들어오는 크자비에르에 대해 거북함을 느끼기 시작한다.

처음에 프랑스와즈는 크자비에르를 그저 자신의 소유 대상,

자기를 따라다니는 '사냥개' 정도로 생각했다. 크자비에르를 자기와 같은 '의식'을 가진 한 명의 인간, 곧 진정한 '타인'으로 여기지 않았던 것이다. 그러나 크자비에르는 점차 자신이 프랑스와즈의 의지대로 움직이는 자동인형과 같은 존재가 아니라 어엿한 한 명의 인간이라는 사실을 드러내기 시작한다. 그것이 처음으로 표면에 나타나는 것은 크자비에르가 파리에 올라와 같이 살자는 프랑스와즈의 제의를 거절할 때이다. 프랑스와즈는 자신의 호의에 찬 제의가 거절당했을 때 뭔지 모를 거북함을 느끼게 된다. 이 거북함이 바로 크자비에르가 한 명의 살아있는 인간, 곧 '의식'이라는 사실의 징표인 셈이다.

왜 그녀는 프랑스와즈의 제안을 진지하게 생각하길 거부하는 것일까? 자신의 옆에 적의를 품은 고집 센 작은 의식이 있음을 느낀다는 것은 성가신 일이었다. (……) 크자비에르의 저항은 현실이었으며, 프랑스와즈는 그것을 꺾고 싶었다. 그것은 있을 수 없는 일이었다. 크자비에르를 지배하고, 과거 속의 그녀까지, 그리고 예견할 수 없는 미래의 모든 경우에 있어서의 그녀까지를 소유하고 있다는 느낌을 그녀는 한껏 갖고 있었던 것이다. 그러나 지금 이 완고한 의지가 존재하고 있었고, 그것에 부딪혀 그녀의 의지는 깨어지고 있었다.

문제는 크자비에르의 프랑스와즈에 대한 저항이 이제 막

시작되었을 뿐이라는 점이다. 프랑스와즈는 크자비에르를 점차 '구두창'에 묻은 '무거운 진흙덩어리'로 여긴다. 크자비에르로 인해 프랑스와즈는 피에르뿐만 아니라 다른 사람들과의 약속을 어긴다든가, 모임에 늦게 간다든가 함으로써 정상 생활을 할 수 없는 지경에 이른다. 프랑스와즈는 크자비에르를 '자신의 생활을 좀 먹는 살아있는 재앙의 화신'으로 묘사하게 된다. 또한 크자비에르는 자신이 하고픈 행동을 프랑스와즈 때문에 할 수 없을 때는 "자살을 하겠다" "다시 루앙으로 돌아가겠다"고 하며 자기 내키는 대로 행동한다. 이처럼 프랑스와즈가 보기에 크자비에르는 '하나의 가치체계에 도전하고 있는 또 하나의 가치체계'를 형성하고 있었다. 프랑스와즈는 마지못해 크자비에르를 자기와 같은 한 명의 '인간'으로 인정할 수밖에 없게 된다.

프랑스와즈는 그런 상념들을 떨쳐 버리려 했다. 그러나 쉽게 눈을 감고 크자비에르의 모습을 지워버릴 수가 없었다. 크자비에르는 밤새도록 커져서 '북극'의 커다란 케이크처럼 무겁게 그녀의 머릿속을 메우고 있었다. (······) 이제 막 모습을 드러낸 귀중하고도 거추장스러운 그 크자비에르를 그녀는 온 전력을 다해 떠밀어내고 있었다. 그녀가 그녀 내부에서 느끼는 것은 거의 적의에 가까운 것이었다. 그러나 이제는 어쩔 수 없었다. 뒤로 되돌아갈 방도는 없었다. 크자비에르는 존재하고 있었다.

크자비에르는 피에르와 가까워지면서 프랑스와즈가 피에르와 세웠던 세계로 점차 침입해 온다. 크자비에르는 점차 피에르와 많은 시간을 함께 보낸다. 취업 준비를 거절한 크자비에르에게 피에르는 우선 연극 배우의 길을 제시한다. 이렇게 해서 그들은 프랑스와즈의 눈을 벗어나 같이 시간을 보낸다. 강렬한 순수함을 지녔고, 사물을 전혀 새로운 각도로 보며, 놀랄 만한 참신함을 가져다주는 '진주 같은 소녀'라는 별명으로 불리는 크자비에르는 점차 피에르와 프랑스와즈의 관계에 깊숙이 파고든다. 그리고 프랑스와즈는 크자비에르를 더는 자신의 삶의 한 부분으로 여기지 못하게 된다. 또한 자신이 중심이 되어 형성한 세계 바로 옆에 크자비에르가 중심이 되어 형성한 이 '낯선 세계'를 어쩔 수 없이 인정해야만 하는 처지에 놓인다. 그 '낯선 세계'는 프랑스와즈의 지배권이 미치지 않은 일종의 크자비에르만의 '성역'이다. 그리고 이 성역에서는 크자비에르만의 독특한 '경배의식'이 진행된다. 하지만 프랑스와즈는 이 경배의식에 대해 아무런 권리를 가지지 못하며, 그것의 의미조차 헤아릴 수 없다.

크자비에르가 그녀 자신의 삶의 한 부분에 지나지 않은 것으로만 보이던 시절은 까마득했다. 이제 그녀는 탐욕스럽고도 맥없이 그리고 초조하게 서두르며 그녀 앞에 겨우 열릴까 말까한 낯선 세계를 향해 서둘러 가고 있었다. 프랑스와즈는 한 순간 그 문 앞에서 못 박힌듯 서 있었다. 그 방은 그녀를 겁에 질리게 했다. 그것은 진정 성역이었다. 그곳에서는 여러 종류의 경배의식이 진행되고 있었다. 그러나 노란 담배 연기, 녹차와 라벤더 향내가 향하고 있는 지고의 신은 바로 크자비에르 자신이었다.

이처럼 크자비에르는 자기 주위에 이런 낯선 세계를 만들고, 그 세계로 피에르까지 끌어들여 성역을 만든다. 그러나 프랑스와즈의 입장에서 이것은, 자신과 피에르와 만든 세계의 파괴를 의미한다. 다시 말해 피에르와 크자비에르의 관계가 가까워질수록 프랑스와즈와 피에르 사이의 계약결혼은 위기에 봉착하고, 급기야 그들이 함께 누려온 사랑과 삶은 점차 그 본질을 잃어가는 것이다. 프랑스와즈는 자신의 이와 같은 느낌을 피에르에게 털어놓아야 하는 필요와 의무감을 느낀다. 왜냐하면 그들의 계약결혼 조건 가운데 하나가 서로 모든 것을 다 털어놓고 말하는 것이기 때문이다. 프랑스와즈는 자기와 피에르 사이에는 이제 '잿더미와 먼지'만이 남아 있을 뿐이라고 털어놓는다. 그러나 피에르는 여전히 그들의 관계는 확고하며 앞으로도 그럴 것이라는 강한 확신을 심어준다. 그리고 만약 자신들의 '사랑'에 '위험'이 따른다면, 크자비에르와 관계를 끊겠다는 결심을 보여준다. 프랑스와즈는 피에르의 강한 신념에 이끌려 크자비에르로 인해 발생할 수 있는 모든 '위험'을 다시 짊어지기로 작정한다.

그러나 프랑스와즈가 짊어진 짐은 더 무거워진다. 크자비에르에게 별다른 문제가 없음을 확인한 피에르는 크자비에르와 더 가깝게 지낸다. 이제 피에르와 크자비에르는 '하나'가 되어 프랑스와즈와 대립한다. 이러한 상황에서 프랑스와즈는 심각하게 고민을 한다. 피에르나 크자비에르와 맺은 관계를 모두 포기할 것인가? 아니면 그들에게 저항을 할 것인가? 한 가지 분명한 것은 피에르와 크자비에르의 결합 앞에서 프랑스와즈는 그와 함께 '우리들'을 구성한 옛날과는 달리 다시 '나'로 되돌아갔다는 것이다.

프랑스와즈는 폐충혈이라는 병으로 한동안 병원 신세를 진다. 이 기회를 통해 프랑스와즈는 두 가지를 체험한다. 하나는 피에르가 보내는 여전한 사랑이다. 피에르는 날마다 병문안을 와 프랑스와즈를 끊임없이 위로한다. 그러나 프랑스와즈는 피에르와 크자비에르의 관계로 괴로워한다. 크자비에르와 피에르는 프랑스와즈의 면전에서 '우리들'이라는 단어를 거리낌 없이 사용하며 밖에서 있었던 일들을 말한다.

"우리들은 무엇에 빨려 들어갔던가 봐요. (……) 나는 성큼 그 안으로 들어설 수가 없었는데 피에르가 기세 좋게 문을 밀었죠. 열탕처럼 무덥고 사람들이 꽉 차 있었어요. 그래도 한 구석에서 빈 자리를 찾아냈죠. (……) 우린 그 자리에 앉았죠." 크자비에르는 잠깐 뜸을 들였다. "그리고 우리는 양배추 절임을 먹었어요."

"양배추 절임을 먹었어?" 프랑스와즈가 물었다.

"네, 그래요." 크자비에르는 그 말이 빚은 효과에 매우 행복해하며 말했다. "맛있던데요."

프랑스와즈는 크자비에르의 시선이 대담해지고 반짝거리고 있음을 알아챘다.

"나도 양배추 절임을 시켰죠."

피에르가 크자비에르와 함께 먹은 '양배추 절임'은 그녀를 만나기 전에 그가 프랑스와즈와 주로 먹었던 것이다. 보다 더 정확하게 말하자면 이 양배추 절임은 프랑스와즈가 직접 피에르에게 먹자고 제안했던 것이다. 그러니까 그것은 그들 두 사람을 연결시켜주는 일종의 '신비로운 결합 의식'의 상징이었다. 그런데 피에르는 그 의식의 주인공이었던 프랑스와즈가 아닌 다른 여자, 즉 크자비에르와 함께 그 의식을 치렀고, 또 그 사실을 크자비에르가 프랑스와즈의 면전에서 '우리들'이라는 인칭대명사를 사용하면서 말한 것이다.

앞에서 지적한 것처럼 이 '우리들'이라는 인칭대명사의 사용은 사랑의 완성과 밀접한 관계가 있다. 결국 프랑스와즈의 면전에서 크자비에르가 피에르와의 일을 '우리들'이라는 인칭대명사를 사용하면서 말하는 것은, 프랑스와즈와 피에르의 사랑이 이미 크자비에르와 피에르의 사랑에 의해 해체된 증거라고 할 수 있다.

물론 프랑스와즈는 이미 피에르에게 크자비에르와 사랑의 관계를 맺어도 좋다는 허락을 했다. 그리고 그들의 계약결혼의 조건 가운데 하나가 우연한 사랑에 대한 권리를 서로 인정하는 것이었다. 또한 프랑스와즈는 피에르가 크자비에르와 머지않아 잠자리도 같이 할 것이라는 점을 예측했다. 그런데도 프랑스와즈는 그들의 사랑, 그들의 입맞춤에 적잖이 당황한다. 그리고 크자비에르를 피에르에게 빼앗긴다는 느낌을 받으며, 또 그것을 용납할 수 없다고 생각한다. 왜일까?

프랑스와즈에게 크자비에르는 일종의 소유 대상이었다. 프랑스와즈는 크자비에르와 자기 나름대로 밀접한 관계를 유지해야 했다. 만약 피에르가 크자비에르를 독점한다면, 프랑스와즈는 자신이 크자비에르에 대해 가진 모든 권리를 한 순간에 다 잃고 마는 것이다. 그런 만큼 프랑스와즈는 크자비에르에 대한 몫을 완전히 빼앗기는 것을 거부한다. 또한 피에르와 크자비에르의 관계가 어긋나 크자비에르가 프랑스와즈에게 도움을 청할 때, 프랑스와즈는 예전에 느낀 크자비에르에 대한 소유의 감정을 다시 느낀다. 한편, 프랑스와즈에게는 피에르 역시 아주 소중한 존재임이 틀림없다. 비록 크자비에르가 위기를 몰고 왔지만 프랑스와즈는 여전히 그와 '우리들'을 형성하고 있는 것이다.

병이 거의 다 나아갈 무렵 프랑스와즈는 자신과 피에르 사이에서 강한 영향력을 미치는 크자비에르를 인정하는 모험을 하기로 결심한다. 프랑스와즈는 피에르에게 계약결혼 관계를 크자비에르를 포함한 '삼각관계'로 바꾸자고 하고, 거기에 크자비에르도 동의한다. 프랑스와즈가 기대한 대로 병원에서 퇴 원하고 얼마 동안 순조롭게 지내자 피에르는 5년 동안 이 관계를 유지하자고 맹세를 한다. 이렇게 해서 피에르, 프랑스와즈, 크자비에르는 정식으로 삼각관계를 맺는다. 그러나 이 관계 안에서도 프랑스와즈는 계속해서 크자비에르에 대해 상반된 감정을 느낀다. 프랑스와즈는 여전히 크자비에르를 자신의 소유 대상, 자기의 도움이 필요한 존재로 여긴다. 그러나 피에르와 프랑스와즈 사이에서 크자비에르는 점차 '꼬마 독재자'로 군림한다. 프랑스와즈는 이미 크자비에르가 기거하는 방을 '성역'이라고 생각한 적이 있다. 그러나 나중에는 그곳을 '현란하고 독기 있는 식물들이 무성히 자라는 후끈한 온실' '축축한 분위기가 몸에 끈적끈적 묻어나는 환각에 사로잡힌 자의 지하 감방'으로 여기게 된다.

크자비에르는 또한 피에르와 프랑스와즈가 건드릴 수 없는 행동을 저지르면서 자신의 영향력을 점차 확대해 나간다. 어느 날 크자비에르는 셋이서 외출한 저녁, 한 술집에서 담뱃불로 자신의 살을 지지는 극단의 행동을 보인다. 이에 대해 프랑스와즈는 자신의 영향력 밖에 존재하는 한 인간인 크자비에르의 모습을 보고 전율한다. 한 마디로 크자비에르는 피에르와 프랑스와즈 곁에서 '피와 살'로서 살아있는 것이다. 한 마디로 프랑스와즈는 크자비에르를 '뛰어넘을 수 없는 장애물', 즉 한 명의 타자로 인식하기에 이른다. 아래의 글은 '타인'의 의식이 '나의 가능성의 저편'에 존재한다는 사실을 가장 명료하게 보여주는, 『초대받은 여자』에서 가장 유명하고 따라서 가장 많이 인용되는 부분이다.

교태를 부릴 때와 비슷한 얼굴로 입술을 모아 크자비에
르는 덴 자리에 묻어 있는 재를 불어버렸다. 그 조그만 보호
막을 떨쳐 버리자 그녀는 또 다시 불이 달아 있는 담배의
끝부분을 그 드러난 상처에 대고 눌렀다. 프랑스와즈는 움
찔했다. 반발하고 있는 것은 그녀의 육체만이 아니었다. 그
녀는 보다 깊이, 보다 철저히 그녀의 존재의 핵심까지 건드
려진 느낌이었다. 그 광기어린 일그러진 얼굴의 이면에는
하나의 위험이 도사리고 있었다. 그녀가 지금까지 상상할
수 있었던 그 어느 것보다 더 결정적인 무서운 위험이 있었
다. 탐욕스럽게 스스로 목을 조이는, 확고히 자기 나름대로
존재하는 그 무엇인가가 있었다. 생각에서조차 그것에 가까
이 갈 수 없었다. 그것이 표적을 맞히는 순간 생각은 용해되
어 버리는 것이었다. 그것은 손에 잡힐 수 있는 어떤 대상이
아니었다. 스스로에게만 투명한, 영원히 침투할 수 없는 그
어떤 것, 그것은 끊임없는 솟구침이었고 회피였다. 그 주위
를 아무리 맴돈다 할지라도 영원히 그것으로부터 소외될 것
이었다.

어쨌든 프랑스와즈는 이러한 인식 끝에 피에르에게 그들이
크자비에르와 맺은 삼각관계는 실패로 끝났음을 고백한다. 프
랑스와즈는 삼각관계를 형성해 피에르와 계약결혼 상태를 끝
까지 유지하고, 크자비에르를 소유하고, 크자비에르에게 필요

한 존재가 되고자 했다. 심지어 프랑스와즈는 피에르와 크자비에르의 사랑에 대항해서 균형을 맞추기 위해 크자비에르와 동성애를 생각하기까지 한다. 그러나 프랑스와즈는 크자비에르로 인해 모두 잃어버릴 상황에 처한다. 프랑스와즈의 판단에 결국 그들이 형성한 삼각관계가 실패로 돌아간 것은 크자비에르 때문이었다. 프랑스와즈에 따르면 인간들이 맺는 상호관계에서는 '우월성의 포기'가 반드시 뒤따라야 하는데, 크자비에르는 항상 자신이 우월한 위치에 있고자 한다는 것이다.

크자비에르는 결코 포기하는 법이 없었다. 그녀가 아무리 상대방을 높은 위치에 올려놓는다 할지라도, 상대방을 몹시 아낀다 할지라도, 그 상대방은 그녀에겐 하나의 사물로 남아 있었다.

이러한 크자비에르를 어떻게 할 것인가? 프랑스와즈는 크자비에르를 죽이는 수밖에 없다고 생각한다. 그러나 프랑스와즈는 당장 크자비에르를 죽이지는 않는다. 그 전에 프랑스와즈는 뜻밖의 커다란 세 가지 사건을 겪는다. 우선 크자비에르가 제르베르와 육체관계를 맺게 되는 사건이다. 피에르는 크자비에르의 방에 둘이 있는 장면을 엿본다. 이 일로 피에르는 크자비에르를 더 만나려들지 않는다. 프랑스와즈는 그들 사이를 중재하지만 뜻대로 되지 않는다. 왜냐하면 크자비에르가 제르베르와 육체관계를 맺은 것은 피에르에 대한 일종의 복수

였기 때문이다. 그러니까 크자비에르는 삼각관계가 깨진 것을 기회로 불행을 호소한 프랑스와즈와 피에르가 다시 가까워지는 것을 느끼자, 이에 대한 복수로 제르베르에게 몸을 허락한 것이다. 또한 그렇기 때문에 크자비에르는 중재를 하려고 하는 프랑스와즈에게도 속마음을 터놓지 않는다. 곧 크자비에르에게 최후의 맞수는 프랑스와즈이다.

또 하나의 사건은 프랑스와즈와 제르베르가 함께 여행을 떠나 육체관계를 맺은 것이다. 프랑스와즈는 제르베르와 관계를 가진 것은 단지 이 세상에 피에르나 크자비에르 말고도 사랑할 수 있는 대상이 있다는 것을 깨달은 결과라고 했지만, 사실 그것은 크자비에르에 대한 복수 행위였다. 피에르를 독차지하려는 크자비에르, 그런 크자비에르에게만 빠져 들고 프랑스와즈에게는 무관심한 피에르, 프랑스와즈에게는 이러한 이들의 공모관계에 도저히 저항할 길이 없었다. 그러한 절망상태에서 프랑스와즈가 저지른 복수였던 것이다. 그리고 결국 피에르와 다시 결합함으로써 프랑스와즈는 크자비에르에게 완전한 승리를 거두었다고 생각한다.

크자비에르를 절망에 빠뜨리고 싶은 생각은 추호도 없었다. 매일 일정량의 거짓말로 그녀를 안심시켜 줄 수 있으리라. 경멸받으며 속고 있는 그녀는 이미 이 세계에서 프랑스와즈가 차지하고 있는 자리를 빼앗으려 드는 그 여자가 아니었다.

프랑스와즈는 거울 속의 자신을 보았다. 마침내 변덕, 고집, 오만한 이기심, 그 모든 허울 좋은 가짜 가치들은 약점을 드러내었고, 경멸받던 낡은 미덕들이 승리를 거두고 잇었다.

"내가 이겼어." 의기양양하게 프랑스와즈는 생각했다.

다시 그녀는 자신의 생의 한 가운데 아무 거침없이 홀로 존재하고 있었다. 공허한 환상의 세계 속에 갇혀 있는 크자비에르는 헛되이 고동치는 죽은 목숨이나 다름없었다.

또 다른 사건은 제르베르가 프랑스와즈에게 보낸 편지를 크자비에르가 몰래 훔쳐 본 것이다. 이 사건으로 인해 프랑스와즈가 크자비에르에 대해 거두었다고 생각한 승리는 일순간에 사라져버린다. 『초대받은 여자』의 시대 배경은 바로 제2차 세계대전이 일어나기 직전이다. 그래서 피에르와 제르베르는 군에 동원된다. 전쟁이 시작되자 프랑스와즈와 크자비에르는 밉든 좋든 간에 다시 같은 호텔에서 지내지만 피에르를 사이에 둔 질투, 반목, 시기를 조금도 누그러뜨리지 않는다. 그러던 어느 날 제르베르가 외박을 나와 크자비에르 몰래 프랑스와즈에게 만나자는 소식을 전한다. 프랑스와즈는 크자비에르에게 거짓말을 하고 제르베르와 만난다. 피에르는 동원된 뒤에 프랑스와즈와 크자비에르에게 계속 편지를 보낸다. 크자비에르는 피에르가 프랑스와즈에게 보낸 편지에서 자기에 대해 어떻게 말하고 있는지를 몹시 알고 싶어 한다. 크자비에르는 프랑스와즈가 자기 방 책상 서랍에 넣어둔 피에르의 편지를 훔쳐본다. 그런데 프랑스와즈는 피에르의 편지 옆에다 제르베르에게서 온 편지를 같이 넣어 두었다. 외출 중에 자기 핸드백 속에 항상 넣어두었던 책상 열쇠가 없는 것을 발견한 프랑스와즈는 급히 호텔로 돌아왔으나 이미 크자비에르가 제르베르의 편지를 보고 난 뒤였다. 아무리 변명을 해보려고 해도 크자비에르의 태도는 완강했다. 크자비에르가 보기에 프랑스와즈는 피에르를 뺏긴 화풀이로 제르베르와 관계를 맺고 또 자기 몰래 그 관계를 유지한 것이다.

"하지만 당신, 다른 사람도 아닌 당신이 저를 우롱하다니!"
지극히 고통스러운 웃음이 그녀의 하얀 이를 드러나게 했다.
"난 크자비에르를 우롱하지 않았어. 다만 크자비에르보다 나 자신에 더 관심을 쏟았을 뿐이야. 하지만 크자비에르도 나로 하여금 크자비에르를 사랑하게 만들어 주지 않았어."
"알고 있어요. 피에르가 저를 사랑했기 때문에 저를 질투하셨죠. 그가 저를 싫어하게 만들고, 그것도 모자라 제게서 제르베르를 빼앗아 가셨잖아요 마음대로 그 사람 차지하세요. 당신 거예요. 그 대단한 인물, 미련 없이 드리겠어요."
그녀는 숨이 막힐 듯이 격한 어투로 말을 퍼부어댔다. 크자비에르의 불타오르는 눈이 바라보고 있는 대상이 자기라는 것을 떠올리며 그녀는 몸을 떨었다.

"그건 사실이 아니야."

그녀는 심호흡을 한 번 했다. 변명하려 해도 소용없는 일이었다. 그녀를 구원해 줄 수 있는 건 아무 것도 없었다.

이처럼 크자비에르의 눈에 프랑스와즈는 제르베르를 빼앗은 염치없는 사람이 되었다. 손아랫사람을 위한다는 핑계로 자신을 괴롭히는 악랄하고 가증스러운 어른, 그것이 크자비에르라는 타인의 의식에 각인된 프랑스와즈의 이미지였다. 크자비에르는 더는 파리에 남아 있으려고 하지 않는다. 크자비에르가 살아 있는 한 계속해서 프랑스와즈는 파렴치한 인간으로 남을 것이다. 프랑스와즈는 "죽고 싶다"고 말한다. 그러나 프랑스와즈가 택한 결론은 그와는 정반대로 크자비에르를 죽이는 것이다. 프랑스와즈는 마지막으로 크자비에르에게 용서를 구하려고 한다. 가능하다면 크자비에르와 함께 파리에서 계속 살고자 한다. 그러나 크자비에르의 분노는 누그러질 줄 모른다. 파리를 떠나 루앙으로 돌아가려는 크자비에르의 결심은 확고하다. 결국 프랑스와즈는 크자비에르의 방의 가스 밸브를 열어 놓는다.

대체 프랑스와즈는 왜 이와 같은 비인간적인 방법으로 크자비에르를 살해하는 것일까? 이 문제에 대한 답을 하기 위해서 '증오'라는 인간관계의 한 유형에 주목해보자. 사르트르에 의하면 증오는 '한 인간에 의한 다른 인간의 죽음'으로 규정된다. 그런 의미에서 증오는 인간들 사이에 형성되는 존재론적 관계들 가운데 하나이다. 한 사람이 다른 사람을 죽이는 이유를 살펴보기 위해 다음과 같은 예를 들어보자. 한 사람이 도저히 인간으로서는 저지를 수 없는 파렴치한 행동을 저질렀다고 하자. 그러면 자신의 그런 모습이 이 세계 그 누구의 눈에 띄지 않기를 바라는 것이 인지상정일 것이다. 만약 한 명이라도 그의 파렴치한 행동을 본 사람이 있게 되면, 그는 이 사람에 의해 '파렴치한 행동을 저지른 자'라는 꼬리표를 뗄 수가 없을 것이기 때문이다. 따라서 그는 이 목격자를 이 세계에서 영원히 사라지게 해야 한다. 자신을 '파렴치한 행동을 저지른 자'로 파악하는—사르트르의 시각으로 보면 이것은 그에게 이와 같은 '본성'이나 '본질'을 부여하는 것이다— 인간존재, 곧 '의식'을 완전히 사라지게(無化) 하는 것이다. 사르트르는 이와 같은 인간관계를 '증오'로 규정한다. 하지만 이 증오는 실패라는 것이 사르트르의 견해이다. 왜냐하면 문제의 목격자가 이 세계에서 영원히 사라진다고 해도, 타인의 의식에 자신의 파렴치한 행동이 각인된 사실 자체가 없어지지는 않기 때문이다. 또한 파렴치한 행동을 저지른 사람은 항상 스스로를 자신의 의식의 대상으로 출두시킬 수 있다. 달리 말하자면 그는 항상 자신을 객체화시킬 수 있으며, 따라서 자기 자신을 속이지 않는 한 그는 그 자신이 파렴치한 행동을 저지른 사람이라는 사실을 결코 잊을 수가 없다.

『초대받은 여자』의 마지막 부분에서 프랑스와즈가 가스 밸브를 열어 크자비에르를 살해한 이유를 이제 이해할 수 있다.

결국 프랑스와즈의 살해 동기는 크자비에르의 의식에 각인된 그 자신의 이미지, 즉 복수심과 질투심에 불타 제르베르와 육체관계를 맺고 그것을 숨기려고 하는 가증스럽고 추잡한 이미지를 지우고자 하는 것이다. 다시 말해 프랑스와즈에게 영원히 부끄러움을 안겨줄 수 있는 원천인 크자비에르라는 '타자'의 '의식'을 이 세계에서 완전히 사라지게 만드는 것이다.

그럼 이제? 프랑스와즈는 혼자 중얼거렸다.

그녀는 크자비에르의 방문을 지켜보며 서 있었다. 혼자, 그 누구에게도 의지할 수 없이, 그녀 자신만을 의지하며 서 있었다. 그녀는 한 순간 기다린 후에 부엌으로 들어가 가스 밸브에 손을 얹었다. 그녀의 손이 경련을 일으켰다. 거짓말 같았다. 그녀의 고독 앞에, 공간과 시간을 초월한 곳에 그 적의에 찬 존재, 너무나도 오래 전부터 어두운 그림자로 그녀를 짓눌러 온 그 존재가 있었다. 그것이 거부하는 모든 것을 무無로 환원시키며, 자기 자신만을 위해 존재하고, 자신 속에 파고들어 가라앉는 그 존재가 거기에 있었다. 그 자신의 오만한 고독 속에 온 세계를 가두며, 그것은 무한으로, 유일무이한 존재로 피어오르고 있었다. 그것의 존재 전체는 자기 자신에게서 나오고 있었고, 아무 것도, 그것을 손 안에 넣을 수 있는 것은 아무 것도 없었다. 그것은 완벽한 단절이었다. 그러나 한편, 그것을 없애버리기 위해서는 이 밸브의 핸들을 내리기만 하면 되었다. 하나의 의식을 무화시키는 것! 내가 어떻게 그것을? 프랑스와즈는 생각했다. 그러나 나의 것이 아닌 다른 의식이 어떻게 존재할 수 있단 말인가? 그렇게 되면 나 자신이 존재하지 못하게 되리라. 그녀는 뇌까렸다. 그 애냐, 나냐, 그녀는 핸들을 내렸다.

보부아르는 『초대받은 여자』에서 크자비에르를 죽이고 프랑스와즈가 어떤 운명에 처하는지에 대해서는 침묵하고 있다. 따라서 피에르와 크자비에르 사이의 계약결혼이 어떻게 끝나는지는 알 수 없다. 실제 사르트르와 보부아르의 관계와는 달리 『초대받은 여자』에서 피에르와 프랑스와즈의 계약결혼은 크자비에르라는 제3자를 죽이는 비극으로 끝난다. 물론 이 작품에서 프랑스와즈의 행동은 실제로 보부아르가 올가에 대해 품은 원한을 문학으로 형상화해 둘 사이의 우정을 '정화'한 것일 수도 있다.

그러나 현실에서 보부아르는 그와 같은 위기 상황을 극복하고 끝까지 사르트르와 계약결혼을 지켜냈다. 그리고 증오의 실패에 대한 설명에서 볼 수 있듯이, 비록 프랑스와즈가 크자비에르의 의식을 없애는데 성공했다 할지라도, 프랑스와즈 자신이 추잡하고 부끄러운 행동을 저질렀다는 사실 자체는 없어지지 않는다. 게다가 프랑스와즈는 살인을 저질렀다는 죄의식으로부터 결코 벗어날 수 없다. 따라서 그녀 자신의 의식에는 항상 크자비에르에게 '몹쓸 짓을 한 어른', 그것을 감추기 위해 그녀를 죽인 '살인자'의 이미지가 아로새겨지게 된다.

사르트르의 『철들 무렵』

사르트르는 『철들 무렵』에서 마티외와 마르셀이라는 한 쌍의 남녀를 통해 계약결혼을 문학으로 형상화한다. 이 소설에서 마티외는 34세이고, 고등학교에서 철학을 가르친다. 이러한 그의 모습은 사르트르의 젊은 시절을 떠올리기에 충분하다. 마르셀은 화학을 공부하였으나 병 때문에 중단하고 집에서 소일한다. 이러한 마르셀의 모습은 보부아르의 모습과는 거리가 멀다. 그러나 보부아르의 회상에 따르면 마티외와 마르셀은 사르트르와 보부아르 자신을 모델로 하고 있다고 한다. 더군다나 마르셀은 어머니와 함께 사는데, 일주일에 네 번 마티외가 마르셀의 방을 몰래 방문하는 장면은 보부아르가 1929년 철학교수 자격시험에 합격한 뒤 외할머니의 아파트에서 방을 하나 빌려 살 때의 모습과 거의 같다. 또한 7년 전부터 알게 된 마티외와 마르셀은 서로 모든 것을 터놓고 얘기한다는 계약을 맺는다. 결국 이들의 이런 모습은 사르트르와 보부아르의 모습을 그대로 문학으로 형상화한 모습이라고 하기에 충분하다. 다만 마르셀과 마티외는 우연한 사랑에 대한 권리를 서로 인정한다는 계약은 맺지 않는다.

이와 같이 계약결혼의 형태를 띠고 부부처럼 살아가는 마티외와 마르셀 사이에 문제가 발생한다. 마르셀이 임신을 한 것이다. 사실 마르셀도 처음에는 아이를 원치 않았다. 그러나 마르셀은 점차 자신이 아이를 원하고 있다는 사실을 깨닫는다. 마티외가 마르셀을 방문한 어느 날 마르셀은 이 사실을 털어 놓는다. 마티외는 당장 낙태 수술을 받을 것을 권한다. 그리고 마르셀도 거기에 동의한다.

마티외는 마르셀의 머리를 가볍게 쓰다듬었다.

"아무튼 말해봐."

"그럼 말하겠어요. 생겼어요."

"뭐라고? 뭐가 생겼다는 거야?"

"아이가 생겼다니까요?"

마티외는 얼굴을 찡그렸다.

"틀림없어?"

"정말 틀림없어요. 당신도 알겠지만 저는 덤벙대는 여자가 아니에요. 벌써 두 달째 늦어지고 있어요."

"이런!"

'적어도 3주일 전쯤 말할 것이지.' 마티외는 그런 생각을 했다. 손을 놀리지 않고는 가만히 있을 수가 없었다. 파이프에 담배라도 담아야겠는데 파이프는 옷장에 넣어 둔 윗도리에 들어 있었다. 그래서 머리맡 탁자 위에 있는 궐련 꽁초를 들었으나 곧 제자리에 놓아버렸다.

"자 이제 아셨지요, 어떡하면 좋겠어요?"

"그럼 지우면 되지 않아. 싫은가?"

"좋아요, 이야기할 곳도 알고 있어요.

그러나 사르트르가 『철들 무렵』을 쓰던 시기의 프랑스에서 낙태는 불법이었다. 따라서 꼭 낙태 수술을 받으려면 불법으로 수술을 하는 사람을 찾아가거나, 외국 국적을 가진 의사에게 가거나, 낙태를 허용하는 외국으로 나가야만 했다. 불법으로 수술을 하는 경우 수술하는 사람의 자격, 수술하는 장소의 위생이 중요한 문제로 부각되었다. 당시에는 수술을 잘못해 생명을 잃거나 후유증을 앓는 사람들의 수가 많았다고 알려져 있다. 또한 은밀히 프랑스에서 활동하는 외국 국적의 의사들에게 가거나 외국으로 가서 수술을 받는 경우에는 비싼 수술비가 문제가 되었다.

마티외와 마르셀은 긴 논의 끝에 불법으로 시술을 하되 돈을 많이 받지 않는 노파를 찾아가기로 한다. 마티외는 우선 그 노파가 있는 곳을 찾아가 그곳의 위생 상태를 보고 최종 결정을 내리자고 마르셀을 설득한다. 그렇게 해서 마티외는 노파를 찾아간다. 그러나 노파의 손을 보고 그냥 되돌아온다.

마티외는 노파의 손을 보았다. 남자의 손, 교살자의 손이었다. 살가죽이 거칠게 터졌고, 손톱은 짧고 검었으며, 손은 흉터와 흠집투성이였다. 왼손 엄지손가락 첫마디에는 푸르스름하게 멍이 들어 피가 맺혀 있고, 검고 큰 딱지가 붙어 있었다. 마티외는 마르셀의 부드러운 살결을 생각하면서 몸을 떨었다.

돈이 많이 들어서 외국으로 보낼 수 없는 상황이라 마티외

는 돈을 구하기 위해 백방으로 노력한다. 『철들 무렵』은 마티
외가 돈을 구하려고 파리 전역을 이리저리 돌아다니는 이틀
동안에 벌어진 사건들을 중심으로 구성되어 있다.

그는 우선 과거에 낙태 수술을 받은 경험이 있는 사라에게
도움을 청한다. 사라는 될 수 있으면 애를 낳아서 기르라고 충
고한다. 사라는 수술을 받는 당사자인 마르셀이 여자로서 느
끼는 쓰라린 감정을 마티외에게 이해시키고, 가능하다면 그의
생각을 바꾸어 보려고 한다.

대답하는 사라의 안색이 고통스럽게 변했다.
"그래요? 그게…… 그렇게 고통스러운가요?"
마티외의 음성이 달라졌다.
"참지 못할 정도는 아니지만…… 아이를 생각했지요. 고
메즈가 원했기 때문에 그랬어요. 그 시절에는 그이 말
이……. 하지만 무서웠어요. 다시는 죽어도 그런 짓은……
이젠 그가 무릎을 꿇고 빌어도 다시는 않겠어요."
사라는 처량한 표정을 지으며 말했다. 그녀는 어리둥절한
눈을 한 마티외를 바라보았다.
"수술이 끝난 뒤에 조그만 꾸러미를 하나 주면서 수챗구
멍에 버리라고 말하지 않겠어요. 수챗구멍에다 마치 죽은
쥐새끼를 버리듯이 말이에요, 마티외씨."
그녀는 그의 팔을 힘껏 잡으면서 말을 계속했다.
"당신은 지금 영문도 모르고 그런 짓을 하려는 거예요."

그러나 마티외는 아이를 낳는 것도 마르셀과 결혼하는 것도 원치 않는다. 아이를 낳지 않겠다는 확고한 결심을 하고 있는 마티외에게 사라는 자신을 수술한 사람을 소개해줄 수는 없다고 말한다. 그 의사는 술을 많이 마시고 2년 전에는 사고까지 저질렀다는 것이다. 그 대신 독일 국적을 가지고 나치 정권을 피해 파리에 와 있는 유대인 의사의 소재를 알아보겠다고 약속한다. 사라는 수소문 끝에 그 의사에 대한 정보를 마티외에게 알려준다. 그러나 그 의사는 미국으로 곧 떠날 예정이며 많은 수술비를 현금으로 요구한다는 것이다.

마티외는 친구인 다니엘에게 마르셀이 임신했다는 사실을 알리고 돈을 빌려달라고 부탁한다. 그러나 다니엘은 돈이 있으면서도 마티외에게 빌려주지 않는다. 그 대신 공무원들에게 돈을 빌려주는 조합이 있음을 알려주고 마티외에게 마르셀과 결혼할 것을 제의한다. 그러나 마티외의 결심은 확고하기만 하다. 그는 마르셀과 결혼하고 아버지가 되는 것을 도저히 받아들일 수가 없는 것이다.

그런데 한 가지 궁금한 점이 있다. 다니엘은 많은 돈을 가졌으면서도 왜 마티외에게 돈을 빌려주는 것을 거절했을까? 여기에는 두 가지 이유가 있다. 첫 번째 이유는 다니엘이 사디스트이기 때문이다. 그는 자신의 존재를 정당화하기 위해 다른 사람들에게 나쁜 행동조차도 스스럼없이 한다. 그러면서 타인의 의식에 각인된 이미지를 통해 자신이 살아있음을 느낀다. 다니엘에게는 그 이미지가 나쁜 것이어도 상관이 없다. 다니엘은 이런 까닭으로 마티외에게 돈을 빌려주는 것을 거절한 것이다. 또 다른 이유는 다니엘이 마티외 몰래 마르셀과 만나고 있기 때문이다. 따라서 다니엘은 마르셀을 만나 마르셀이 정말로 아이를 낳는 것을 원하지 알고 싶어 한다. 그러니까 다니엘은 마티외의 말만 믿고 선뜻 돈을 빌려주고 싶지 않은 것이다.

마티외와 만난 초창기에 마르셀은 아이를 원하지 않았다. 또한 5년 전에 마티외가 마르셀에게 결혼을 제의했을 때에도 먼저 거절했다. 2~3년 전에는 마티외와 대화를 나누면서 마르셀은 임신하면 낙태 수술을 받겠다고 한 적이 있다. 게다가 마르셀은 아이를 가진 친구들을 '부화기'라고 부르면서 멸시하기까지 했다. 마르셀이 아이를 낳기를 원한다는 것은 불가능하다. 만약 그녀가 아이를 낳기를 원한다면 그것을 분명 마티외에게 얘기했을 것이다. 왜냐하면 모든 것을 다 털어놓고 얘기하기로 약속을 했으니까 말이다. 이것이 마티외의 생각이었다.

만약 그녀가 아이 낳기를 바란다면? 그렇다면 만사가 끝장이다. 잠깐 그런 생각만 해도 모든 것의 의미가 달라지고, 전연 딴 이야기가 되고 만다. 그리고 마티외 자신도 머리끝에서 발끝까지 사람이 달라지고, 자기를 부단히 속여 온 치사스런 놈이 되고 말 것이다. 그러나 다행히 그것은 사실이 아니었다. 사실일 수가 없다. 결혼한 친구들이 임신했다는 이야기를 들었을 때 마르셀이 그녀들을 멸시하는 것을 나는 여러 번 들은 적이 있다. 그리고 그녀들을 부화기라고 부르면서 이렇게 비웃는 것이었다. "애를 낳는다고 정말 꼴사납게 구는군." 이런 말을 하고 나서도 슬그머니 의견을 바꾼다면 그건 배신행위다. 마르셀은 배신할 여자가 아니다. 아이를 낳고 싶으면 나한테 그런 말을 했을 것이다. 그렇게 말하지 못할 이유가 어디에 있는가? 우린 무엇이든지 다 털어놓고 이야기하자고 약속한 사이가 아닌가!

그러나 상황은 마티외의 생각과는 정반대로 흘러간다. 그러니까 마르셀은 아이를 낳고 싶어 한다. 아이를 낳고 엄마가 되어 아이에게 필요한 존재가 되고 싶어 하는 것이다.

그러나 그녀는 살며시 자기 배를 만져 보지 않을 수가 없었다. 그녀는 "여기다, 여기"라고 생각했다. 자기처럼 살아 있고, 불우한 그 무엇. 자기의 생명처럼 허망하고 쓸데없는 생명⋯⋯. 그녀는 갑자기 뜨거운 정열을 느끼면서 생각했다. "그 생명은 내 것이 될 수도 있으리라. 비록 백치이고 기형아일망정 내 것이 될 수도 있으리라." 그러나 이 남모를 욕망, 이 어두운 맹세는 고독하기만 하고, 남에게 고백할 수 없는 것이었다. 이런 마음을 숨겨야만 하다니 별안간 자신이 죄인처럼 느껴져 무서웠다.

마르셀은 마티와와 모든 것을 다 털어놓고 말한다는 계약을 맺었기 때문에 이제는 아이를 낳고 싶다는 의사를 그에게 전달해야 했다. 이 사실과 관련해 마르셀은 스스로 자신의 잘못을 인정한다.

"나는 그를 증오하고 싶지는 않다. 그에게도 그만한 권리가 있다. '사고가 날 경우에……' 하고 늘 말해 왔으니까. 그이야 내 본심을 알 수가 없지. 아무 말도 안 한 것은 내 잘못이지.

그러나 마르셀은 이 계약조건은 모두 남자인 마티외에게 편리한 조건이라고 판단한다. 그러니까 마티외는 "무슨 일이 있으면 마르셀이 나에게 말할 테지"라고만 생각하고 있다는 것이다. 그러니까 마르셀은 2~3년 전의 말만 믿고 임신 소식을 듣자마자 냉큼 수술을 받자고 결론을 내려버린 마티외를 원망하는 것이다. 한 순간이라도 그가 주저하는 빛을 보였더라면 마르셀은 마티외에게 아이를 낳고 싶다는 뜻을 밝혔을 수도 있다. 하지만 마티외는 계약결혼의 약속을 믿고 상황을 자기 입장에서만 판단할 뿐, 결코 마르셀의 입장을 고려하지 않는다. 마르셀은 급기야 이런 마티외에게 원망을 넘어 증오의 감정－이 증오의 감정은 앞에서 보았던 『초대받은 여자』에서 크자비에르가 프랑스와즈에게 품었던 그것과 유사하다고 할 수 있다－을 품게 된다.

그녀의 하루가 시작된 것이다. 이제는 더 이상 아무런 생각도 없이, 손을 머릿속에 파묻고 기다렸다. "아침엔 으레 두 번씩 토하니까." 그런데 문득, "그럼 지워버리지. 싫은가?" 하던 때의 담담하고, 자신감 있던 마티외의 얼굴이 떠올랐다. 그러자 증오가 번갯불처럼 그녀의 온몸을 뚫고 지나갔다.

이처럼 마르셀이 아이를 낳고 싶어 하는 마음을 마티외에게 말하지 못한 사실에 대해 원망을 하고 있는 동안에도 마티외는 돈을 구하기 위해 동분서주한다. 다니엘에게서 거절을 당한 마티외는 이제 친형인 자크에게 가서 사정을 말하고 돈을 빌려줄 것을 부탁한다. 그러나 자크의 반응은 냉담했다. 여기서 자크의 반응을 좀 더 자세히 살펴볼 필요가 있는데, 그것은 그가 곧 사르트르와 보부아르의 계약결혼에 대해 당시의 부르주아들이 보인 반응을 충실하게 보여주고 있기 때문이다.

대소인代訴人인 자크는 결혼한 부르주아의 삶을 꾸려가고 있다. 마르셀이 임신했다는 사실과 돈이 필요로 하다는 사실을 마티외가 말했을 때 자크는 그가 결혼을 하려는 것으로 오해를 한다. 그러나 유산을 시키기로 결정했다는 말에 자크는 마티외에게 돈을 빌려주는 것을 거절하면서 일장 훈계를 퍼붓는다. 우선 불법 낙태 수술에 대한 단속이 심하다는 사실을 환기시킨다. 그가 동생에게 돈을 빌려주었다가 일이 잘못되었을 경우 자기에게 불똥이 튈 것을 염려한 것이다. 또한 자크는 아이를 지우는 것은 일종의 '형이상학적 살인'이라고 규정한다. 그러면서 그처럼 위험천만한 일에는 끼어들고 싶지 않다는 의사를 분명히 한다. 자크는 이어서 마티외가 누리는 계약결혼 자체를 비판한다. 자크에 따르면 마티외는 이미 결혼을 했다. 다만 마티외가 "결혼의 온갖 장점을 이용"하는 한편 "자신의 원칙을 방패로 삼아 결혼이 가져오는 불편한 점을 제거한다"는 것이다. 또한 마티외가 부르주아 계층을 비난하면서도 결국 똑같은 부르주아 생활을 하고 있다며 비난한다. 요컨대 마티외가 누리는 생활은 자기기만을 바탕으로 이루어진다는 것이다. 그러면서 34세가 된 마티외에게 이제 철들 나이가 되었다는 것을 극구 강조한다.

"나는 네 젊음을 비난하는 건 아니다. 오히려 너는 요행히 탈선을 하지 않고 잘 살아온 감도 있다고 본다. (……) 너는 반항과 무질서에 대한, 그것도 근본을 파헤쳐 보면 극히 소극적인, 그런 자유로운 취미를 가지고 있다. 그런데 한편으로는 관습적인 질서와 도덕적 건강을 따르는 경향도 가지고 있어. 네 생활은 이 두 가지의 끊임없는 타협의 연속이야. 그 결과 너는 언제나 무책임한 노학생과 같은 상태에 머물러 있는 것이다. 이봐, 그러니 네 자신을 잘 살펴보라고. 너는 지금 서른네 살이다. (……) 도대체 그 보헤미안 생활이 너에게 이젠 어울리지도 않는다. 백년 전에는 매우 멋있는 것이었는지도 모르지만, 지금에 와서는 그 누구에게도 대수롭지 않고, 말하자면 기차 시간을 놓쳐 버린 극소수의 길 잃은 사람들이 누리는 생활에 지나지 않는다. 너도 이제 철들 나이가 되었다. 마티외, 철들 나이가 되었어. 그래, 너는 철이 들어야 할 나이가 됐단 말이다."

마지막으로 자크는 마티외에게 결혼을 조건으로 돈을 빌려줄 수 있다는 사실을 암시한다.

그러나 마티외는 자크의 제안을 받아들이지 않는다. 그렇다고 해서 수술에 필요한 돈을 쉽게 구하지도 못한다. 그는 급기야 제자 보리스에게 그의 애인인 로라에게서 자기 대신 돈을 조금 빌릴 것을 부탁하기도 한다. 그러나 로라는 보리스에게 돈을 빌려주는 것을 거절한다.

어느 날 로라와 같이 자고 일어난 보리스는 로라가 혼수상 태에 빠진 것을 보고, 로라가 마약을 과용해서 죽었다고 생각한다. 보리스는 무서워서 로라의 방에서 빠져나와 마티외와 자신의 누나인 이비취와 만나기로 한 장소로 와서 비보를 전한다. 로라는 가끔씩 마약을 투여했는데, 마약 구입과 관련해 보리스가 로라에게 보낸 편지들이 로라의 방에 그대로 있었다. 로라가 진짜로 죽었다면 경찰이 와서 조사를 하게 될 것이고, 그가 보낸 편지들로 그는 자연히 경찰에 증인으로 출두해야 하는 상황에 처할 수도 있다. 그래서 보리스는 편지들을 반드시 회수해야 했다. 보리스의 말을 듣던 마티외는 그가 자기를 위해 로라의 돈을 임시로 갖다 쓸 수 있는 기회를 마련해 주는 연극을 꾸미고 있다고 생각한다. 그래서 마티외는 로라 의 방으로 간다.

로라의 방에 도착한 마티외는 우선 보리스의 편지들을 챙 긴다. 그리고 로라의 핸드백 속에 있는 돈을 보지만 결국 그 돈을 훔치지 못한 채 방을 나온다. 그는 마르셀의 임신으로 자 기 생의 기로에 서있다. 마르셀의 유산에 필요한 돈을 구하는 시도들이 하나 둘 실패로 돌아가는 상황에서 그는 심한 갈등 을 겪는다. '돈을 훔칠 것인가, 말 것인가?' '그냥 마르셀과 결 혼해서 같이 살 것인가?' '아니다, 마르셀을 노파에게 보내자' '아니다. 그럴 수는 없다. 결혼을 해버리자' 등등. 마티외는 이 처럼 심한 갈등을 겪으면서 돈을 훔치기 위해 로라의 방으로 다시 들어간다. 그러나 그때 로라가 혼수상태에서 깨어나고 결국 돈을 훔치지 못한다.

이처럼 로라의 돈을 훔치려는 시도가 실패로 돌아가자 마 티외는 마르셀과 결혼하겠다는 결심을 굳힌다. 돈을 구하기 위해 동분서주하는 마티외에게 다니엘이 전보를 보내서 만나 자고 한다. 마티외를 만난 다니엘은 다짜고짜 그가 마르셀과 마르셀의 집에서 한 달에 두 번씩 만났다는 사실을 고백한다. 마티외는 다니엘의 이 고백에 당황한다. 왜냐하면 마티외는 마르셀과 모두 말한다는 계약을 맺었기 때문이다. 그런데 다 니엘의 말에 따르면 반 년 전부터 마르셀은 마티외를 속인 것 이다.

"그래, 자주 만나?"

"이따끔씩 만나지. 한 달에 두 번 정도."

"그런데, 만나서 무슨 얘기를 하는 거지?"

(……)

다니엘은 냉담하게 대답했다.

"별난 얘기 다 하지. 마르셀이 물론 나한테서 차원이 높은 고상한 얘기를 기대하는 것은 아니야. 하지만 그녀에겐 그것이 위안이 되거든."

"믿을 수가 없군. 자네들은 아주 딴판인데."

마티외는 그들이 같이 있는 쑥스러운 장면을 머릿속에서 지워 버릴 수가 없었다. 능글맞고 귀족적인 멋을 부리며, 점잔을 빼고 있는 다니엘이 카그리오스트로와 같은 표정으로, 아프리카 사람처럼 늘어진 미소를 짓고 있다. 그리고 그 앞에는 마르셀이 정성스럽고도 긴장한 낯으로 어색하게 앉아 있다……. 정말 정성스럽고, 긴장한 낯을 하고 있을까? 아니, 마르셀이 그처럼 긴장할 리는 없다. "빨리 오세요. 천사장天使長님, 천사장님이 오시기를 기다리고 있어요." 마르셀이 그런 말을 썼다니! 마르셀이 그런 노골적인 교태를 꾸며 보이다니! 비로소 마티외는 분노가 스며드는 것을 느꼈다. "그녀가 나를 속였다. 반 년 전부터 거짓말을 해온 거다." 마티외는 그런 생각을 하고 어리둥절해서 말을 다시 이었다.

"마르셀이 나한테 숨겨 온 것이 있다니 정말 이상하군."

다니엘은 말이 없었다.

"자네가 마르셀에게 말하지 말라고 시켰나?"

마티외가 물었다.

"그래, 내가 시켰지."

그러나 다니엘은 마티외를 더 당황하게 만들 얘깃거리를 가지고 있었다. 그것은 바로 마르셀이 아이를 낳기를 원한다는 것이다. 다니엘은 마티외의 부탁을 거절하고 나서 마르셀을 찾아가 마르셀이 아이를 낳기를 원한다는 것을 확인한다. 다니엘에게서 마르셀이 아이를 낳고 싶어한다는 말을 듣고 마티외는 심한 배신감을 느낀다. 마티외는 마르셀에 관한 얘기를 하면서 다니엘이 '우리'라는 단어를 사용하는 것에 대해 적잖이 당황한다. 왜냐하면 앞에서도 지적했듯이 '우리'라는 칭호는 사랑이 완성되었다는 증거이기 때문이다.

"하기야 우리는 언젠가는 그 일을 자네한테 알릴 생각이 었어. 그러나 공모자 노릇을 하는 것이 재미있어서 하루 이틀 미루어 온 거지."

다니엘이 말했다.

우리! 우리라고 말하다니! 마티외에게 마르셀 이야기를 하면서 우리라고 말할 수 있는 놈이 있다니! 마티외는 밉살맞게 다니엘을 바라보았다. 지금이야말로 그를 미워할 수 있는 순간이다. 그러나 다니엘은 여느 때처럼 무방비 상태였다. 마티외는 별안간 그에게 물었다.

"다니엘, 마르셀이 왜 그런 짓을 했을까?"

"글쎄, 자네한테 말한 대로야. 그렇게 시켰다니까. 그리고 비밀을 갖는다는 것이 그녀에게 재미있었겠지."

다니엘이 대답했다.

마티외는 고개를 흔들었다.

"아니야. 그것만이 아닐 거야. 마르셀은 자기가 하는 짓을 잘 알고 있어, 그런데 왜 마르셀이 그런 짓을 했느냐 말이야."

"글쎄……. 노상 자네가 던지는 볕을 쬐고 사는 건 불편했던 모양이야. 어디 그늘진 구석을 찾아보려고 한 것이겠지."

다니엘의 이야기를 듣고도 마티외는 마르셀이 임신할 경우 아이를 낳지 않겠다는 생각을 지금도 하고 있으리라고 굳게 믿었다. 왜냐하면 그 뒤에도 마르셀이 마티외에게 다른 뜻을 밝히지 않았기 때문이다. 마티외는 수술에 필요한 돈을 구하기 위해 더욱 노력한다. 그는 다니엘이 가르쳐준 적이 있는 공무원에게 돈을 빌려주는 조합으로 간다. 그러나 그곳에서는 돈을 빌리기 위한 신원조회를 하는 데만 2주 이상이 걸리는 상황이었다. 마침내 그는 로라의 방을 다시 찾는다. 그리고 이번에는 로라의 돈을 훔쳐 그 돈을 갖고 마르셀에게로 간다. 그는 마르셀에게 그 돈을 로라에게서 훔쳤다는 사실을 고백한다. 그리고 마지막으로 마르셀에게 정말로 아이를 낳고 싶은

지 묻고, 마르셀과 결혼할 생각도 있다고 말한다. 그러나 이미 마티외에게서 마음이 떠난 마르셀은 자존심이 상할 대로 상해 그의 요구를 모조리 거절한다.

이처럼 마르셀과 갈라선 마티외에게 다니엘은 다른 사실을 털어 놓는다. 그가 마르셀과 결혼해 아이를 낳아 기르겠다는 것과 만약 아들을 낳으면 그의 이름을 '마티외'라고 짓겠다는 것이다. 그리고 사실 자신은 남색가라고 밝힌다. 다니엘의 고백에 마티외는 마르셀을 남색가와 결혼하도록 내버려둬서는 안 된다고 생각한다. 그래서 마르셀에게 전화를 걸어 결혼하겠다는 의사를 밝힌다. 그러나 전화 저쪽에서는 아무런 대답도 들리지 않는다. 마티외와 마르셀의 관계는 이제 정말로 끝이 난 것이다. 그들의 계약결혼도 역시 파경에 이른다. 그리고 다니엘은 말한 대로 마르셀과 결혼해 아이를 낳아 기른다.

이처럼 『철들 무렵』에서 볼 수 있는 마티외와 마르셀의 계약결혼은 보부아르의 『초대받은 여자』와는 아주 다른 이유로 파경을 맞는다. 『초대받은 여자』에 나오는 피에르와 프랑스와즈의 경우에는 우연한 사랑에 대한 권리를 서로 인정하고 있다. 이런 면에서 피에르와 프랑스와즈와의 계약결혼은 사르트르와 보부아르의 그것과 유사하다. 하지만 『철들 무렵』에서 볼 수 있는 마티외와 마르셀의 계약결혼은 이 두 커플의 계약결혼과는 약간 다른 형태를 보여준다. 『철들 무렵』의 마르셀도 마티외와 이비취가 가까운 사이라는 것을 알고 있다. 또한 마티외가 이비취와 관계를 가지는 것을 허락할 생각까지도 품고 있다. 하지만 마티외와 마르셀은 드러내놓고 각자의 우연한 형태의 사랑에 대한 권리를 인정하고 있지는 않다.

앞에서 보았듯이 현실의 사르트르와 보부아르, 혹은 『초대받은 여자』의 피에르와 프랑스와즈의 계약결혼은 각각 올가와 크자비에르라는 제3자의 개입으로 큰 영향을 받았다. 물론 『철들 무렵』의 마티외와 마르셀의 계약결혼에도 이비취라는 제3자가 관련되어 있기는 하다. 그러나 앞의 두 경우와는 달리 이비취의 영향력은 약하다. 올가와 크자비에르와 마찬가지로 이비취 역시 지방 도시 출신이다. 그리고 이비취의 부모는 러시아 혁명 때 프랑스로 건너온 것으로 되어 있는데, 이것은 올가의 가정환경과 매우 비슷하다. 다만 올가에게 완다라는 여동생이 있지만 이비취에게는 마티외의 제자인 보리스라는 남동생이 있는 것이 다르다. 이비취는 파리에 와서 의사가 되기 위해 공부를 하고 있었지만 PCB(의학예비과정시험)의 시험에 낙방해 다시 지방으로 되돌아가야만 하는 처지에 놓인다. 올가와 크자비에르와 마찬가지로 젊음, 순진함, 반항심 등의 상징인 이비취 역시 마티외의 사랑의 대상이 된다. 그러나 올가와 크자비에르와는 달리 마티외와 이비취의 관계는 『철들 무렵』에서 상당히 절제해 그려지고 있다. 또한 그들의 관계는 마티외와 마르셀의 계약결혼에 영향을 미칠 정도까지 발전하지 않는다.

『철들 무렵』에서 사르트르가 가장 중점을 둔 것은 보부아르와의 계약결혼에서 가장 중요한 조건인 서로 아무것도 숨기지 않는다는 조건이다. 앞에서 이 조건은 의사소통의 이상 정립을 목표로 하고 있다고 했다. 그러나 사랑과 언어의 실패로 마티외와 마르셀의 계약결혼 조건은 제대로 실현될 수 없었다. 그러나 그렇다고 해서 그들이 시도한 계약결혼이 무의미한 것은 아니다. 비록 그들의 시도는 실패로 돌아갔지만 앞에서 말한 언어의 실패를 넘어설 가능성이 있음을 보여준다.

계약결혼, 그 힘들고 긴 여정

지금까지 사르트르와 보부아르의 관계를 중심으로 계약결혼에 대해 — 그들의 만남에서 계약결혼에 이르는 과정, 그 과정에서 그들이 겪은 위기, 그들이 계약결혼에 부여한 근본 의미, 그리고 문학으로의 형상화 등 — 살펴보았다. 그 과정에서 그들의 계약결혼이 단순히 젊은이들의 혼전 결혼 연습이나 실험 결혼과는 거리가 멀다는 사실을 확인할 수 있었다. 또한 그들의 계약결혼의 바탕에는 각자가 중시한 사유들이 놓여 있다는 사실 또한 확인할 수 있었다. 즉, 그들의 계약결혼은 의사 소통의 이상 관계를 정립한다는 그들의 철학에 그 뿌리를 두고 있다는 것이다.

보부아르는 한 친구에게 사르트르와 계약결혼을 끝까지 유지하는 것이 결코 쉬운 일이 아니었다고 고백한다. 이것은 그들의 계약결혼이 요즘 사람들이 생각하는 일회적인 실험관계가 아님을 보여준 것이다. 물론 보부아르가 사르트르와 계약결혼을 유지하는 것이 힘들었다는 것은 앞에서 살펴보았듯이 복잡한 남녀관계 때문일 수도 있다. "씨앗 싸움에는 망부석도 돌아앉는다"는 말이 있지 않은가. 보부아르와 사르트르가 아닌 그 누구라도, 사랑하는 사람이 자신 이외의 이성과 육체관계를 가진 이야기를 듣는 것을 좋아할 사람이 어디 있겠는가? 그러나 보부아르가 사르트르와의 계약결혼을 끝까지 유지하기 힘들어 한 데는 또 다른 이유가 있었을 것이다. 가령 1929년에 그들을 향해 쏟아졌던, 계약결혼에 대해 부정적인 사람들의 비판 등을 들 수 있다.

그러나 보부아르가 말하는 계약결혼의 어려움의 핵심은 보부아르와 사르트르가 그들의 계약결혼에 부여한 철학에서 비롯한다. 앞에서 살펴본 것처럼, 사르트르의 사유체계 안에서 인간들이 맺는 존재관계는 한 인간의 주체성과 다른 인간의 주체성의 결합을 전제로 하기에, 사랑과 언어는 실패로 끝날 수밖에 없다. 그런데 사르트르와 보부아르가 1929년에 계약결혼을 맺으면서 세운 목표는 바로 사랑과 언어를 실패로 끝나도록 놔둬서는 안 된다는 것이었다. 다시 말해 그들은 50여년 이상의 세월 동안 자신들이 불가능하다고 여긴 사실에 도전했던 것이다.

보부아르는 사르트르가 세상을 떠나기 전 그와 치른 '작별

의식'으로 상당히 긴 인터뷰를 했다. 그 기회를 통해 보부아르
는 사르트르와 보낸 그 긴 시간이 몹시도 아름다웠다고 회상
했다.

사르트르의 죽음은 우리를 갈라놓았다. 내가 죽어도 우리
는 재결합하지 못할 것이다. 이제 뭐라고 해도 별 수 없다.
우리의 삶이 그토록 오랫동안 조화롭게 하나였다는 사실이
그저 아름다울 뿐이다.

사르트르와 보부아르보다 훨씬 이전에 살았던 또 다른 한
쌍의 남녀인 뮈세A. Musset와 상드G. Sand는 다음과 같은 소망을
피력했다.

후세 사람들은 우리들의 이름을 마치 두 사람이 하나인
불멸의 사랑하는 사람들의 이름처럼 반복해서 외울 것이다.
(……) 한 사람의 이름을 입에 올리지 않고서는 절대로 다
른 사람의 이름을 입에 올릴 수가 없을 것이다.

뮈세와 상드가 피력한 소망은 오히려 사르트르와 보부아르
에게 보다 들어맞는 것처럼 보인다. 앞에서도 말했듯이 사르
트르와 보부아르는 죽어서도 같은 곳에 나란히 묻힌다. 또한
한 사람을 떠올리기 위해서는 반드시 다른 사람을 떠올려야만
할 정도로 밀접하게 연결되어 있다. 보부아르는 사르트르와

만난 뒤를 회상하면서 약 1,000여 쪽에 달하는 세 권의 책에 거의 매 쪽마다 여러 차례에 걸쳐 사르트르의 이름을 거론했다. 또한 다른 사람들이 쓴 사르트르와 보부아르의 전기에서도 그 사정은 비슷하다. 이것이 바로 살아 있을 때와 마찬가지로 죽어서도 그들이 소망한 대로 '하나'가 되었다는 분명한 증거일 것이다. 그리고 이처럼 '하나'가 될 수 있었다는 사실이 한 평자가 제기하는 다음과 같은 수수께끼에 대한 답이 될 수 있을 것이다.

대체 그녀는 그 안경 낀 남자를 어떻게 참고 살 수 있었던 것일까? 쇳소리의 포주 같은 목소리하며, 쭈글쭈글한 파란색 정장, 게(crabe)와 동성애자들과 나무뿌리와 존재의 질척한 더러움과 하이데거스러운 짬뽕 철학에 집착하던 그 남자를. 생기발랄함과 불같은 열정과 재치와 신선함을 지닌 그녀였는데 말이다. 정말 미스터리다.

참고문헌

Bair (Deirdre), 『Beauvoir』, Gallimard, coll. Biographies, 1989. (데어 드르 베어, 김석희 옮김, 『시몬 드 보부아르』, 웅진문화, 1991.)

Beauvoir (Simone de), 『L'Invitée』, Gallimard, coll. Folio, 1943. (시몬 드 보부아르, 전성자 옮김, 『초대받은 여자』, 홍성사, 1987(1978).)

_____, 『Mémoires d'une jeune fille rangée』, Gallimard, coll. Folio, 1958. (이영선 옮김, 『자유로운 여자』, 산호, 1993.)

_____, 『La Force de l'âge』, Gallimard, coll. Folio, 2 vols., 1960.

_____, 『La Force des choses』, Gallimard, coll. Folio, 2 vols., 1964.

_____, 『La Cérémonie des adieux suivi de Entretiens avec Sartre, août-septembre 1974』, Gallimard, 1981. (전성자 옮김,『작별의 예식』,『보봐르에게 남긴 사르트르 최후의 말』, 두레, 1982.)

_____, 『Lettres à Sartre』, Gallimard, 2 vols., 1990.

_____, 『Lettres à Nelson Algren』, Gallimard, 1997. (이정순 옮김, 『연애편지』, 열림원, 2 vols., 1999.)

Poisson (Xatherine), 『Sartre et Beauvoir : Du Je au Nous』, Rodopi, coll. Faux titre, 2002.

Sartre (Jean-Paul), 『L'Etre et le Néant : Essai d'ontologie phénoménolo gique』, Gallimard, coll., Bibliothèque des Idées, 1943. (장 폴 사르트르, 손우성 옮김, 『존재와 무』, 삼성출판사, 2 vols., 1982.)

_____, 『L'Age de raison, in Œuvres romanesques』, Gallim atd, coll. Bibliothèque de la Pléiade, 1980. (최석기 옮김, 『철들 나이』, 고려원, 1991.)

_____, 『Lettres au Castor et à quelques autres』, Gallimar d, 2 vols., 1983.

발터 반 로숨, 양인모·정승화 옮김, 『실험적 사랑—사르트르와 보부아르』, 생각의 나무, 2003.

헤이젤 로울리, 김선형 옮김, 『사르트르와 보부아르—천국에서 지옥까지』, 해냄, 2006.

큰글자 살림지식총서 147

사르트르와 보부아르의 계약결혼

펴낸날	초판 1쇄 2018년 5월 11일

지은이	변광배
펴낸이	심만수
펴낸곳	(주)살림출판사
출판등록	1989년 11월 1일 제9-210호

주소	경기도 파주시 광인사길 30
전화	031-955-1350 팩스 031-624-1356
홈페이지	http://www.sallimbooks.com
이메일	book@sallimbooks.com

ISBN	978-89-522-3927-3 04080
	978-89-522-3549-7 04080 (세트)

※ 이 책은 큰 글자가 읽기 편한 독자들을 위해
   글자 크기 14포인트, 4×6배판으로 제작되었습니다.